HABLANDO *BIEN* SE ENTIENDE LA GENTE

Consejos idiomáticos de la Academia Norteamericana de la Lengua Española

GERARDO PIÑA-ROSALES, JORGE I. COVARRUBIAS,
JOAQUÍN SEGURA, DANIEL R. FERNÁNDEZ
EDITORES

Hablando bien se entiende la gente

P. O. Box 349
New York, NY, 10116
www.anle.us

2010, Santillana USA Publishing Company
2023 N.W. 84th Ave.
Doral, FL 33122
Teléfono (1) 305- 591-9522
Fax: (1) 305-591-7473
Segunda edición: marzo de 2012

Hablando bien se entiende la gente
ISBN 13: 978-1-60396-626-9

Cuidado de la edición: Casandra Badillo, Norman Duarte Sevilla
Diseño de cubierta: Mauricio Laluz
Diseño de interiores: Cristina Hiraldo
Ilustraciones: Héctor Cuenca

Published in the United States of America
Printed in USA by HCI Printing and Publishing, Inc

15 14 13 12 2 3 4 5 6 7 8 9 10

HABLANDO *BIEN* SE ENTIENDE LA GENTE

Consejos idiomáticos de la Academia Norteamericana de la Lengua Española

Gerardo Piña-Rosales, Jorge I. Covarrubias,
Joaquín Segura y Daniel R. Fernández
Editores

Con la colaboración de
Joaquín Badajoz
Emilio Bernal Labrada
Antonio Culebras
Vanessa Lago Barros
Fernando A. Navarro
Antonio Pàmies
Luis Pérez Botero
Luis Ríos
Mordecai Rubín

NUEVA YORK
2010

PRESENTACIÓN

¿Cómo se dice: "El presidente fue elegido" o "El presidente fue electo"? ¿Qué son los "falsos amigos"? ¿Usted "aplica" para un trabajo? ¿Es correcto decir "le mando una caja conteniendo libros"? ¿Fútbol o futbol? Un *billion* en inglés ¿debe traducirse como "billón" en español? ¿Es correcto decir "la presidenta" o debe decirse "la presidente"? ¿Un candidato "corre" para alcalde? ¿Estará bien pedir "una copia" del libro? El sabio y chispeante refranero español aconsejaba que "para hablar y comer pescado, hay que tener mucho cuidado". Pero en nuestro trato cotidiano nos damos cuenta de que no siempre es fácil hablar con la claridad y exactitud que quisiéramos. A veces nos cuesta encontrar el término preciso, la frase adecuada, el tiempo verbal correcto. Otras veces nos acosa la duda sobre el significado de una palabra en particular. Además, millones de hispanohablantes vivimos en países donde el español no es el idioma predominante —o donde el inglés ejerce una fuerte influencia—, lo que suma otra posibilidad a nuestras dudas ¿No estaremos hablando a medias un idioma y otro? ¿O acaso usamos acepciones equivocadas por influencia del inglés?

Tarzán, el hombre-mono, podía comunicarse con Jane a la manera tarzanesca: "Yo ser fuerte". Y no faltará quien argumente que basta que uno comprenda el mensaje para que resulte suficiente. Sin embargo el lenguaje primitivo y balbuceante no es el vehículo más adecuado para la comunicación, ya que no sólo puede distorsionar el sentido sino privar al hablante y al oyente de la satisfacción de expresar de manera correcta y elegante exactamente lo que quiere comunicar.

Otros podrían sostener que no importa mezclar el español con el inglés, siempre que nos hagamos entender. Pero, ¿no sería preferible hablar bien los dos idiomas, sin mezclarlos, que hablar mal los dos? Eso es precisamente lo que aconseja la Academia Norteamericana de la Lengua Española (ANLE), una de las veintidós Academias que en estos últimos años ha colaborado en la preparación del Diccionario, la Ortografía, la Gramática y otras obras destinadas a la orientación de los más de 400 millones de hispanohablantes en el mundo.

Con el fin de proporcionar una guía a esos millones de hablantes del español —especialmente a quienes viven en Estados Unidos, Canadá, Puerto Rico y a todos aquellos que sienten una influencia desproporcionada del inglés sobre su modo de expresarse— y para despejar dudas ortográficas y gramaticales, la ANLE les ofrece estos consejos redactados por sus académicos tras un minucioso y prolongado proceso de elaboración.

Y en este esfuerzo de servicio comunitario realizado en aras del buen decir, les entregamos estas recomendaciones idiomáticas a modo de consejos para todo el año.

Nuestro propósito ha seguido la línea rectora del Secretario General de la Asociación de Academias de la Lengua Española, D. Humberto López Morales, quien en una ocasión declaró que "la lengua es la llave que nos ayuda a abrir el mundo y a comunicarnos con él".

Los editores

“Las apariencias engañan”

(No se fíe de los falsos amigos)

NO SE FÍE DE LOS FALSOS AMIGOS

Los extranjerismos son expresiones innecesarias que se toman de otro idioma, ya sea por moda, por desconocimiento o por pedantería. Es conveniente no usar palabras de otro idioma si conocemos las equivalentes en el nuestro. ¿Por qué decir *handicap* cuando en español tenemos no una sino varias palabras para eso: *obstáculo, impedimento, desventaja*, o *rémora*. ¿Por qué decir *trailer* si se puede decir *remolque*? ¿Por qué hablar de *hobbies*, cuando en español siempre se ha dicho *aficiones* o *pasatiempos*? Tampoco hay que romperse la cabeza mucho para decir *rompecabezas* y no *puzzle*. Llamamos falsos cognados o *falsos amigos* a esas palabras en español a las que, por parecerse tanto a las del inglés, les damos significados que no les corresponden. Por eso, recuerde que cuando hablamos de *carpet* no es *carpeta* sino *alfombra*, *clerk* es *empleado* y no *clérigo*, y *to save a file* es *guardar un archivo electrónico*... y no *salvarlo*.

ABREVIACIONES Y ABREVIATURAS

¿Acaso ha visto usted en el periódico o en la televisión alguien que escribe o habla de *abreviaciones*, cuando toda la vida habíamos dicho *abreviaturas*? Pues las dos son correctas, aunque no equivalentes. *Abreviación* es un término más general, en el que se incluyen no sólo las *abreviaturas* sino también otros acortamientos como las *siglas* (ANLE, por Academia Norteamericana de la Lengua Española). ¿Ejemplos de abreviaturas?: *Dir.* por *director*, *Dra.* por *doctora.*

"ABSTRACTO" / RESUMEN, SÍNTESIS

"Le agradeceríamos que, a la mayor brevedad posible, además del texto completo de su artículo, nos envíe también un *abstracto* del mismo". Los que se desempeñan en el ámbito académico reciben este tipo de mensaje electrónico con demasiada frecuencia, no porque se les pida nada fuera de lo común, sino porque lo de *abstracto* les suena a pintura, a pictórico. Desde luego, a usted no se le ocurriría enviar un cuadro, ni *abstracto* ni *figurativo*, al editor de la revista o del libro en cuestión, sino un *resumen* o *síntesis* de su trabajo.

"ACTUAL" / DE ACTUALIDAD, REAL

¿No es verdad que las letras de la palabra inglesa *actual* y las de *actual* del español son las mismas? Pero su significado es totalmente distinto. En inglés *actual* significa *efectivo*, *real, de verdad*; en cambio en español, *actual* significa *del momento presente*, *de actualidad*, *de hoy en día*. Por ejemplo: "*The actual world is not full of fantasy*", que hay que traducir al español como "El mundo real no está lleno de fantasía".

"ADECUADO" / APROPIADO

¿Qué cree usted que significa en inglés la palabra *adequate* en la oración "*These supplies are adequate to sustain the troops"*? ¿Será equivalente a decir "Estas provisiones son *adecuadas* para el sustento de los soldados?" Pues no, no son equivalentes. En inglés quiere decir *suficientes*, mientras que en español, *adecuados* se entiende más bien como *apropiados*.

ADOLESCENCIA

¿Qué es la adolescencia? Pues poco más o menos es lo mismo en español que en inglés *(adolescence)*. Se trata del período comprendido entre la pubertad y el pleno desarrollo físico y fisiológico de la adultez, aunque también esta definición es relativa, por cuanto hay algunos procesos corporales que no alcanzan su plenitud hasta algo después. En inglés es sinónimo del *teenager,* o sea de los 13 (*thirteen*) a los 19 *(nineteen*) años.

"AFLUENTE" / ACAUDALADO

Un amigo nos dice que quiere tener éxito en la vida y que quiere ser *afluente*. No objetamos que quiera tener éxito sino el querer ser *afluente*, calco del inglés. Pues en español el adjetivo *afluente* no tiene el sentido de *affluent* que tiene el inglés. Se usa más bien para describir algo que fluye de un cauce menor a otro mayor, como un río o un arroyo. Es de suponer que nuestro amigo, a pesar de lo que dice, no quiere ser un río caudaloso sino un ciudadano *acaudalado*.

AGRAVIAR Y AGRAVAR

La falta, sobra, o cambio de una letra en una palabra puede tener consecuencias muy importantes. Por ejemplo, procuremos no confundir *agraviar* con otra palabra casi igual, *agravar*. La primera, *agraviar*, quiere decir *vejar, insultar, hacer precisamente un agravio*. Por otra parte, *agravar* significa *pasar* (una enfermedad o un estado) *a un nivel más grave y peligroso*. ¿Y qué es un *agravante*? preguntará usted. Pues es una situación o elemento que empeora o aumenta la gravedad de algo.

"AGRESIVO" / EMPRENDEDOR, ENÉRGICO

Alguien se refiere en inglés a un *aggressive manager* y no falta quien lo traduzca como un *gerente agresivo*. ¿Qué le parece? Pues, en español, un gerente agresivo, según la definición del Diccionario, sería alguien que tiende a la violencia, propenso a faltar al respeto o a ofender y provocar a los demás. Lo que ocurre es que en inglés tiene dos acepciones, y en ciertos casos lo que queremos decir es que se trata de un gerente *emprendedor, enérgico, activo*.

AMARAR Y ACUATIZAR

Cuando un avión aterriza, significa que toma tierra, que se posa en tierra. ¿Y cómo se dice cuando un hidroavión o un vehículo espacial en vez de aterrizar desciende al mar? Pues el término correcto es *amarar,* o sea, posarse en el agua. El español tiene otro verbo con el mismo sentido e igualmente aceptable, como *acuatizar*. Por eso se puede decir con toda propiedad que "El trasbordador espacial *amarará* o *acuatizará* en el Pacífico".

AMBOS

¿Recuerda el lema de los Tres Mosqueteros? "¡Uno para todos y todos para uno!". Pues la lengua española tiene algunos términos que sirven para designar a más de uno... Como por ejemplo *ambos*, que significa "el uno y el otro; los dos". Si alguien pregunta "¿Quién aprobó el examen, Lucía o Pedro?", si los dos aprobaron, se puede responder AMBOS o LOS DOS. Pero cuidado, nunca diga "ambos dos", porque es redundante.

AMERICANO

Su amiga, que nació en Nueva York, es *americana*, pero también usted, que nació en México, en Puerto Rico o en Santo Domingo, es *americano*. Porque *americano* es el nativo de toda América, y no sólo de Estados Unidos. Por eso, debe evitarse usar *americano* para referirse exclusivamente a los nacidos en

Estados Unidos. No debe olvidarse que América es el nombre de todo el continente y son americanos todos los que han nacido en él. Para los residentes y/o nacidos en Estados Unidos de origen hispano —hablen español o inglés, o ambos— la Academia Norteamericana de la Lengua Española ha acuñado el término *hispanounidense*.

"ANTISOCIAL" / INSOCIABLE

Alguien dijo que no quería invitar a fulano a su fiesta, porque éste era muy *antisocial*. Quizás lo que se quiso aquí decir es que la tal persona es *insocial* o *insociable*, es decir, poco sociable. En castellano es *antisocial* aquel que es contrario o que se opone a las normas y reglas de la sociedad: por ejemplo, un delincuente o cualquier individuo que atente contra la sociedad. En suma, no por ser alguien huraño o poco expansivo merece que le llamemos *antisocial*.

APERTURA Y ABERTURA

A veces uno tiene dificultad en distinguir entre las palabras *abertura* y *apertura*. Hay quien lo dice bien, quien lo dice mal, y quien usa la primera o la segunda según la ocasión. En realidad, conviene recordar que representan cosas muy distintas: *abertura* es un hueco, un agujero, una rendija; es decir, algo físico. En cambio, *apertura* se refiere a la acción de abrir o inaugurar: se habla de la *apertura* de una caja, la *apertura* (inauguración) de un congreso.

"APLICACIÓN" / SOLICITUD

La frase *To fill out a job application* no debe traducirse nunca como *Llenar una aplicación de trabajo*, sino *Llenar una solicitud de trabajo*. *Aplicación*, además de *efecto o acción de "aplicar"*, significa en informática un programa preparado para una utilización específica, como el pago de nóminas, formación de un banco de palabras y otros usos.

APPRECIABLE / CONSIDERABLE

Cuando en inglés decimos *appreciabl*e, no es lo mismo que decir *apreciable* en español. En inglés, "An *appreciable* amount or size" debe traducirse en español como "Una cantidad o magnitud *considerable*". En cambio, si hablamos de *apreciable* en español, damos a entender que es "digno de aprecio" (sin que se indique ninguna cantidad o magnitud).

"ARGUMENTO" / DISCUSIÓN, DISPUTA, PORFÍA

Alguien dijo que estaba triste porque había tenido un gran *argumento* con su pareja. Quizás el estar tan apesadumbrado no le permitía a esa persona advertir que empleaba mal la palabra *argumento*, ya que en español no tiene el mismo sentido que *argument* en inglés. En español, una película o una obra de teatro tienen un *argumento*, es decir, una historia. Asimismo, un abogado suele usar *argumentos* o razonamientos con el fin de persuadir al jurado. Así que lo correcto en español, en el caso ejemplificado, es decir que ha habido *una discusión, una disputa* o *una porfía* entre dos personas, y no un argumento.

"ASUMIR" / SUPONER, CREER

"*Asumo*, pues conozco su diligencia, que su trabajo estará muy bien hecho", le dice el jefe de la empresa a un subordinado. El jefe tendrá muy buena intención al cumplimentar al empleado, pero el verbo con que inició la frase no es el más adecuado. *Asumir* es un anglicismo (del inglés *to assume*) por SUPONER o CREER que algo es cierto; en español, *asumir* es hacerse cargo de algo: uno *asume* una responsabilidad o un cargo. Pero en el caso citado, el jefe tendría que haber dicho: "*Supongo*, pues conozco su diligencia, que su trabajo estará muy bien hecho".

"AVERA(J)E" / PROMEDIO, MEDIA

"Quiero sacar buenas notas y mejorar mi *avera(j)e"*, le dice un estudiante a un compañero de clase. Aplaudimos su empeño pero no su uso del idioma. Veamos: quizás *avera(j)e* no suene tan mal a nuestros oídos pues existen ya en español muchas palabras con la terminación *-aje*, como *garaje, espionaje, reciclaje*, todas ellas provenientes del francés. Sin embargo, el vocablo *avera(j)e* no se encuentra en los diccionarios, y con razón, pues *avera(j)e* es un anglicismo que se ha colado en el habla de quienes no saben que tenemos palabras en español para expresar la misma idea: *promedio* o *media.*

BAIPÁS

Elvira le dice a una amiga en una carta que a su marido le hicieron un *bypass* pero que ya se encuentra mucho mejor. ¿Tenemos un término en español para designar esa operación quirúrgica que consiste en desviar la corriente sanguínea para facilitar la circulación? El *Diccionario de la Real Academia (DRAE)* no incluye el término, pero en la próxima edición aparecerá *baipás* escrito tal como suena en español. El *Diccionario Panhispánico de Dudas (DPD)* se le adelantó y dice que *baipás* es la adaptación gráfica propuesta para la voz inglesa *bypass*. También acepta las variantes *puente coronario* o *derivación coronaria*. Y hay quienes usan *desvío* o *desviación coronaria*, a nuestro juicio correctamente.

"BALANCEAR" / EQUILIBRAR

Un presentador habla de un *desbalance mental*. Pero el inglés *balance* no equivale a nuestro *balance*, que es el movimiento que hace un cuerpo de un lado a otro. Y en lo empresarial, el *balance general* es un estado o situación financiera. Ahora, como *balancear* significa mecer, inclinar, vamos a *equilibrar* mejor las cosas. Las dietas no pueden ser *balanceadas*, sino *equilibradas*; los presupuestos no se *balancean*, sino que se *equilibran*, y las personas no tienen *desbalances mentales*, sino *desequilibrios, trastornos mentales*. Por lo que vemos, tanto *balanceo* podría *desequilibrar* gravemente al español.

BEST-SELLER / ÉXITO EDITORIAL, SUPERVENTAS

Nos han dicho —sin que para nosotros sea una sorpresa— que el último libro de Mario Vargas Llosa es un *best-seller*.

Pero si el notable autor peruano escribe en español y nosotros hablamos en ese mismo idioma, ¿por qué no hablar solamente en español sin necesidad de acudir al inglés? En vez de *best-seller* se puede decir *éxito editorial*, o, si lo prefiere, diga *superventas.*

BIMENSUAL, BIMESTRAL, BIENAL, BIANUAL

¿Sabe usted a qué se refiere cada uno de esos términos? Si una revista aparece regularmente dos veces al mes, es *bimensual* o *quincenal.* Si aparece cada dos meses, será *bimestral*, y si se publica cada seis meses será *semestral.* Y si aparece apenas una vez cada dos años, o sea un bienio, será *bienal.* Hay una famosa exhibición (o exposición) de arte en Venecia que se realiza cada dos años, y por eso se le conoce como "La *bienal* de Venecia".

"BIZARRO" / EXTRAVAGANTE, RARO

Del talentoso Michael Jackson más de un periodista decía que era un personaje un tanto *bizarro* por sus excentricidades. Lo que deberían haber dicho es que era un personaje *extravagante.* En español, *bizarro* significa *valiente, generoso, lúcido, espléndido,* mientras que en inglés quiere decir, por el contrario, *raro, extravagante, excéntrico, grotesco.* Es muy posible que Michael Jackson fuera muy *generoso*, pero la imagen que nos ha quedado de él es la de un personaje *excéntrico*.

BLOG

Gracias a los *blogs* en Internet, muchas personas se han convertido en escritores cibernéticos. Un *blog*, o *weblog*, es pues una página personal en línea, fácil de diseñar y de poner en funcionamiento, y cuyo objetivo es comunicar opiniones, ideas, o noticias a través de la Red. La palabra *blog* proviene del inglés y es uno de los neologismos más utilizados en los últimos años. Cabe preguntarnos si existe en español alguna alternativa al uso de este término anglosajón. Efectivamente, puesto que *blog* significa literalmente "cuaderno de bitácora", han surgido varias propuestas tales como *bitácora digital* o *ciberbitácora*. Sin embargo, creemos que aunque esos términos sean muy castizos, lo de *blog* acabará imponiéndose.

BUSINESS CLASS / CLASE EJECUTIVA, CLASE PREFERENTE

Alberto, radiante, anunció a sus amigos que viajaría a Cancún en *business class*, o sea, en asientos más amplios y confortables que en la sección económica. A veces resulta cómodo utilizar términos en inglés para no esforzarnos en busca de equivalentes en español, pero ¿no vale la pena un poquito de esfuerzo para mantener la uniformidad de nuestro idioma? Se recomienda utilizar *clase ejecutiva* o incluso *clase preferente*.

"CAMBIAR DE MENTE" / CAMBIAR DE IDEA, CAMBIAR DE OPINIÓN

Con los adelantos científicos, los trasplantes de corazón, de hígado, de riñón, son cada vez más frecuentes. Lo que hasta ahora no se ha conseguido (que sepamos) es el trasplante de cerebro. Trasplantar el cerebro equivaldría a trasplantar la mente, lo que para muchos sería como trasplantar el alma. ¿Será por eso por lo que algunos dicen: *cambié de mente*? ¿Qué mente le habrán cambiado? Posiblemente la de una persona de habla inglesa, la cual, dicho sea de paso, hubiera dicho: *I changed my mind*. ¿Se puede cambiar de mente como se cambia de camisa? Tal vez lo que quiso decir es: "Cambié de idea" o "Cambié de opinión".

CARBÓN / CARBONO

¿En qué se diferencia el inglés *carbon* del español *carbón*? Parecen gemelos, ¿no es así? Pero no se deje engañar, no son lo mismo. *Carbon* es el nombre que en inglés se da al elemento químico conocido en español por *carbono*. En cambio, el *carbón* español es lo que en inglés se denomina *charcoal* (*carbón vegetal* o *carbón de leña*) o *mineral coal* (*carbón mineral, carbón de piedra* o *hulla*). Del carbón mineral se deriva también la *carbonilla*, utilizada como combustible para cocinar o calentar los pies en un brasero; y del *carbón vegetal* en polvo se obtienen las minas de los lápices de dibujar.

"CASUAL" / INFORMAL

Imaginemos la siguiente situación: usted ha sido invitado a una fiesta pero no sabe qué tipo de vestimenta es la apropiada. De repente, alguien le dice que no se preocupe, que no tiene que ir de etiqueta, y que puede ir vestido *casualmente*. Aquí lo impropio no es el atuendo que se le recomienda, sino la palabra con que se pretende designarla. Es importante recalcar que *casual*, en español, no tiene el mismo sentido que *casual* en inglés, que significa *informal*. En nuestro idioma es *casual* aquello que es fortuito, accidental, lo que sucede por casualidad. Manejemos nuestro idioma con propiedad y evitemos dejarlo a la *casualidad*.

"CASUALIDADES" / BAJAS

Un descuidado periodista escribió lo siguiente en un artículo: "Hubo 23 *casualidades* en el enfrentamiento bélico del viernes pasado". Está claro que una *casualidad*, e incluso varias, pueden ocurrir en el campo de batalla; sin embargo, lo que el periodista quiso decir es que hubo 23 *bajas*. El error estuvo en haber empleado *casualidad* en el sentido del inglés *casualty*. Una *casualidad*, como dice el *DRAE*, es una "combinación de circunstancias que no se pueden prever ni evitar".

CAUCUS / JUNTA LOCAL

Es noticia el caso de los congresistas hispanos, que según nos dicen se disputan el liderazgo de su importante *caucus* (pronunciado cocos) congresual. No sabemos de qué *cocos* se tratará —así suena la palabra prestada del inglés— y si habrá que partirlos o abrirlos, "a ver qué cosa tendrán dentro", según dice la vieja canción. Pero lo cierto es que en buen español se trata simplemente de una *junta local de directivos políticos*. No es nada misterioso, como eso de averiguar "por dónde le entra el agua al *coco*".

CHATEAR / CHARLAR, CONVERSAR, PLATICAR

Muchos jovencitos y algunos adultos se la pasan *chateando*. ¿Qué hemos dicho? ¿*Chateando*? Pues sí, el *DPD* reconoce el témino *chat* como una "conversación entre personas conectadas a Internet, mediante el intercambio de mensajes electrónicos". El Diccionario dice que es un anglicismo, o sea, el empleo de una palabra tomada y adaptada del inglés, pero la acepta como un término impuesto por el uso. Por lo tanto, *chatear* ya ha entrado a nuestro idioma en esta era moderna de la interconexión mundial. Lástima no haber seguido usando verbos tradicionales y castizos como *charlar, conversar, platicar.*

CHEQUEAR / EXAMINAR, COMPROBAR

"Voy a *chequear* el expediente", "Mañana *chequeamos* los vuelos disponibles". "Me voy a hacer un chequeo (médico)". ¿Qué opina usted de estas oraciones? *Chequear* significa someter (algo o a alguien) a examen, control o verificación. Este verbo, adaptación del inglés *to check*, está muy extendido en todo el ámbito hispánico, por lo que no cabe censurar su empleo. Sin embargo, no olvide que existen verbos españoles como *revisar, comprobar, examinar, controlar, verificar, cotejar* y otros que puede usar en vez de *chequear*.

CITADINO / CIUDADANO, URBANO

Algunos usan la palabra *citadino* para referirse a todo aquello relacionado con la ciudad, con lo *urbano*. *Citadino* es un vocablo italiano que no aparece en el *DRAE*. Y con razón, pues no existe la necesidad de introducir esta palabra en el castellano. En nuestro idioma ya existen las palabras *ciudadano* y *urbano*. No tiene nada de malo tomar prestada una palabra de otro idioma, siempre y cuando no exista ya una palabra en español para designar la misma realidad lingüística.

"CLERICAL" / DE OFICINA

"Mi nuevo trabajo es más bien *clerical*", le dijo una vez Edwin a su amigo Porfirio, el cual, conociendo a Edwin como lo conocía, no podía adscribirle de ningún modo esa inclinación eclesiástica. "¿Y tienes que oficiar misa también?", le preguntó Porfirio, por tomarle un poco el pelo. Edwin lo miró extrañado, pero en seguida se dio cuenta de su error, porque había traducido *clerical* por su homónimo en español. No, Edwin no era afecto ni sumiso al clero ni a sus directrices: lo que realmente quería decirle a su amigo era que su nuevo trabajo venía a ser *de oficina*. Tenga cuidado: una cosa son las oficinas, y otras, muy distintas, las iglesias.

CLIC

La palabra *clic* se usa para reproducir un sonido seco y breve, generalmente metálico. Por ejemplo, "Se oyó el *clic* del bolso al cerrarse". También se usa, en informática, como la pulsación que se hace en un teclado de computadora u ordenador para seleccionar una letra o icono. Su plural es *clics*. Entonces corresponde decir, por ejemplo, "Con sólo algunos *clics* del ratón (*mouse*, del inglés) es posible pasar al expediente completo". Para designar la acción consistente en pulsar alguno de los botones del ratón o del teclado, se emplea normalmente la locución *hacer clic* o *pulsar*.

COACH / ENTRENADOR

"El *coach* que dirige al equipo tiene mucha experiencia", "Los jugadores respetan a su *coach*". ¿Le suenan bien estas oraciones? Se usa tanto eso de *coach* que muchas personas habrán olvidado que es una voz inglesa que significa *entrenador, director técnico*, y también se emplea para referirse a la persona que *dirige, prepara o entrena* a otra en algo, especialmente en la práctica de un deporte.

"¿CÓMO ES EL TIEMPO?" / ¿QUÉ TIEMPO HACE?

Una vez una estudiante anglohablante que había empezado a aprender español les preguntó a tres amigos hispanounidenses que cómo se decía en español *What's the weather like?* Uno respondió "¿Cuál es la temperatura?"; otro propuso "¿Cómo es el clima?"; y el otro insistía en "¿Cómo es el tiempo?" En fin, que no se ponían de acuerdo. Hay varias formas de traducir esa frase, pero la más común y correcta es "¿Qué tiempo *hace?*" El verbo *hacer* se usa con mucha frecuencia en estas expresiones climáticas: "Hace frío", "hace calor" (mejor que "está caliente", que se puede prestar a peligrosos malentendidos), "hace viento", "hace sol".

CONCLUSIVO Y CONCLUYENTE

¿Cuál es la diferencia entre dos términos que se parecen mucho, el inglés *conclusive* y el español *conclusivo*? Este último es *lo que concluye, pone fin a una cosa* o *la termina* (equivalentes en inglés a *concluding*). "His *concluding remarks* were very effective". "Sus *palabras finales* fueron muy eficaces". En cambio el inglés, *conclusive* es más bien el equivalente de *concluyente*, es decir, *lo resolutorio, lo terminante, lo irrebatible*. Por ejemplo, la oración "The jury found the evidence *conclusive*" debe traducirse como "El jurado determinó que las pruebas eran *concluyentes*".

"CONDICIÓN MÉDICA" / DOLENCIA, AFECCIÓN

¿Qué será eso de *condición médica*?, nos preguntamos. ¿Será el quirófano, las medicinas, los medios e instalaciones para curar? Nada de eso. Descubrimos que es traducción literal del inglés *medical condition*, que significa *dolencia* o *afección*. Asimismo, nos hablan de pacientes en *condición seria*, pero en este caso abusan tanto de *condición* como de *seria*, pues lo correcto es *estado grave*. Y si dicen *condición crítica*, se exponen a que los critiquen a ellos, pues el enfermo no está ya *grave* sino *gravísimo*. Muy grave, por cierto, es el pronóstico para el español si no estamos en *condiciones* de protegerlo contra el virus anglicista.

CONFIDENCIA Y CONFIANZA

Se suelen confundir, por influencia del inglés, la palabra *confidencia* con la palabra *confianza*. Suenan de modo parecido, pero son muy diferentes. Cuando hablamos de *confidencia* estamos refiriéndonos a una información secreta, sea personal o no. Por ejemplo: "No le hagas *confidencias* a Mercedes, pues no sabe guardar un secreto". Cuando hablamos de *confianza*, nos referimos a la esperanza firme que se tiene de alguien o algo, o a la seguridad que alguien tiene en sí mismo: "Tengo *confianza* en que la economía mejorará".

CONFRONTAR

Hoy en día se emplea mucho el verbo *confrontar* para indicar una actitud hostil. Por ejemplo: "Las tropas *confrontaron* al enemigo". Pero *confrontar* también tiene otro sentido menos combativo, el de *comparar, cotejar*, o *poner frente a frente* dos o más datos, textos o personas. Por ejemplo: "Estoy *confrontando* dos traducciones de la Biblia".

"CONSISTENTE" / CONSECUENTE

"Tienes que ser *consistente* en tus estudios", le dice un padre a su hijo. "Debe usted ser más *consistente* en sus informes", le dice un director de banco a un empleado. "En la educación de sus hijos, los padres deben ser *consistentes* en lo que respecta a imponer castigos", recomiendan los pedagogos a los papás y mamás, cuyos niños, rebeldes y díscolos, no les obedecen ni a tiros. En realidad, la palabra que el padre, el director y el pedagogo (influidos por el *consistent*, del inglés) debían haber usado no es *consistente*—que es lo que tiene *consistencia, densidad*—sino *consecuente*. Por favor, seamos *consecuentes* con el español que hablamos.

CONVENIENT / CÓMODO

Otro amigo falso del inglés *convenient* es el español *conveniente*. *Convenient*, en inglés, significa en realidad *cómodo, fácil de usar, fácilmente accesible* o *a mano*. El español *conveniente* (con raíces en el verbo *convenir*) se refiere, en cambio, a *lo que es deseable, lo que sirve* o *interesa para un fin, lo útil, oportuno* o *provechoso*.

"CONVICCIÓN" / CONDENA

Dice el *DRAE* que *convicción* equivale a *convencimiento*, y define el término como "idea religiosa, ética o política a la que se está fuertemente adherido". Y, por si fuera poco, nos da este ejemplo: "No puedo obrar en contra de mis convicciones". Sí, la palabra se parece a la inglesa *conviction*, pero en español decimos *condena* para esa acepción jurídica del inglés. Así pues, podríamos decir: "El Dr. Kevorkian recibió una dura *condena* por sus convicciones, o sea por su apoyo o adhesión a la eutanasia o muerte asistida".

COPYRIGHT / DERECHOS DE AUTOR

"El autor tiene el *copyright* de sus obras", "El *copyright* del disco está protegido". *Copyright* es la voz inglesa que significa derecho de explotación y reproducción de una obra intelectual, artística o científica. En español debe sustituirse por el equivalente *derecho de autor* o *derecho de edición*. Entonces se podrá decir, "La editorial se reserva los *derechos de reproducción*",

"Al autor le corresponden los *derechos de la edición*"; y también "*Todos los derechos reservados*".

"CÓRNER" / SAQUE DE ESQUINA

"El futbolista lanzó un *córner* desde la derecha". La palabra inglesa *corner* significa, en el fútbol, *tiro* o *saque de esquina*, que es el término preferible, aunque *córner* ya esté admitida en el Diccionario. La jugada, según conocen los aficionados, es el castigo que ejecuta el equipo atacante desde la esquina de la cancha o campo después que la pelota ha salido por la línea de meta tras haber tocado en un jugador del equipo que defiende esa meta. Su plural debe ser *córneres*.

"CORRER PARA UN CARGO" / POSTULARSE, PRESENTAR LA CANDIDATURA

Un locutor de radio dice: "El político tal y cual va a *correr* para gobernador", y una presentadora de televisión recuerda que: "El año pasado el senador *corrió* para el cargo". Lo hemos oído más de una vez... ¿Qué cree usted? ¿Que los dos candidatos se la pasan corriendo como atletas? La traducción literal del inglés al español produce tales despropósitos. Pero si uno quiere hablar bien el español, debe cuidarse de las traducciones apresuradas.

Diga, en cambio: "El político citado *presentó su candidatura* para gobernador". Y: "El senador se *postuló* al cargo".

"CRECER" / CRIAR, CRIARSE

Si nos dicen que alguien *creció* (*grew up*) montando a caballo, ¿quieren decir que no *crecía* mientras estaba desmontado? Si alguien *crece* en Nueva York, ¿deja de crecer cuando sale de esa ciudad? No, ¿verdad? La palabra apropiada en español es *criar, criarse*. Fíjese que no hablamos de un niño *malcrecido*, sino *malcriado*. Nosotros, para demostrar que nos *criaron* bien, debemos dejar lo de *crecer* para lo físico, puesto que la *crianza* es lo que nos da la formación, la manera de ser, en tanto que el *crecimiento* sólo da tamaño. Recordemos esta frase: "Me *criaron* con mucho cariño, pero *crecí* gracias a la buena alimentación".

"CRECER VERDURAS" / CULTIVAR VERDURAS

Al verlo descargar de su automóvil varias bolsas del supermercado colmadas de víveres, un vecino, tras saludarlo, le dice que él siempre trata de evitar el supermercado. Incluso, le dice que no compra sus verduras sino que las *crece* él mismo en su propio huerto. Hay que aplaudir el esfuerzo que realiza este hombre en el cultivo de sus propias plantas comestibles pero no su uso del español, ya que claramente emplea el verbo *crecer* indebidamente por influencia del inglés *to grow vegetables*. En español lo correcto es decir que las verduras *se cultivan*.

"CRIMEN" / DELITO

En los medios de información no es raro leer u oír acerca de crímenes y de los criminales que los cometen. Al usar tales expresiones, se está exagerando la nota. La palabra *crimen*, y su derivado *criminal*, son vocablos legítimos dentro de nuestro idioma. Sin embargo, por influjo del inglés —*crime, criminals*— estas voces, se emplean a menudo indebidamente. En español, un *crimen* es un delito mayor, un acto verdaderamente grave, y se usa, por lo general, para referirse a asesinatos. Por ejemplo, quien roba un automóvil es un delincuente, no un *criminal*. Ante la ley, el malhechor deberá rendir cuentas por el *delito* (y no por el *crimen*) que cometió.

"CUERPO" / CADÁVER

El locutor anuncia: "Encontraron *los cuerpos* de las víctimas de la matanza". Se nota la influencia del inglés, que tiene una sola palabra, *body*, para designar tanto *cuerpo* como *cadáver*. El *DRAE* define *cadáver* como *cuerpo muerto*, de modo que es un término más preciso. En cambio, la palabra *cuerpo* tiene 21 significados en el *DRAE*, de los cuales sólo el número 13 corresponde a *cadáver*.

CURRÍCULO

"El *currículum escolar* es un tema candente", dice una profesora. "El programa carece de *currículum* para los maestros", acota un colega. ¿Qué le parecen estas oraciones? *Currículum* es una voz latina. La versión española *currículo* significa "plan de estudios". Pero también es costumbre usar el latinismo completo *currículum vitae* para designar la hoja de vida o antecedentes laborales y personales. No debe utilizarse la palabra *resumé,* galicismo que no existe en español.

"CURRUSCANTE" / CRUJIENTE

Hay palabras en inglés que parecen las mismas que en español pero que no lo son. Por ejemplo, el adjetivo inglés *corruscating* y el español *curruscante.* Bien cercanas, por cierto, la una de la otra, por lo que se refiere a su escritura. Pero a pesar de la gran similitud gráfica entre estos dos términos, no quieren decir lo mismo. En inglés, *corruscating* significa "que despide chispas" (*chispeante*), incluso en sentido figurado; en español, *curruscante* se entiende como *crujiente* (como los crujidos del pan tostado o de los chicharrones).

DEFINITE / CLARO, CIERTO, CATEGÓRICO

Cualquiera diría, sin pensarlo mucho, que el vocablo inglés *definite* quiere decir *definido*. Esto es lo que pasa con estas infieles palabras, que parecen idénticas o por lo menos parecidas, pero que no siempre lo son. *Definite* quiere decir *claro, cierto, categórico*; pero de ningún modo *definido,* como por ejemplo: "This is a *definite* case of intolerance", que en español se traduce por: "Este es un *claro* caso de intolerancia". En español se aplica *definido* a todo objeto de definición, lo que en inglés se diría *defined*.

"DEJAR SABER" / HACER SABER, AVISAR

Se ha vuelto tan habitual oír oraciones como la que sigue, que ya casi no notamos el error que suponen y que, infelizmente, propagan: "*Déjame saber* cuando tengas todos los datos". Es evidente que la locución *déjame saber* es calco burdo de la expresión *let me know* del inglés. En español se dice: *hacer saber, avisar, dar noticia de*, *dar aviso de* o simplemente, *notificar, informar.*

"DEPENDIENDO DE" / SEGÚN, DE ACUERDO CON

Se ha puesto de moda decir *dependiendo de*, seguramente por imitación del inglés *depending on*. Por ejemplo: *El viaje dura una hora o dos, dependiendo del transporte*. Pero, ¿qué ha pasado con las expresiones tradicionales: *según, de acuerdo con* ¿No son claras y elocuentes? En la vida humana —y en la del lenguaje— las cosas son *según* el color del cristal con que se miren. Si se fija, en esa conocida expresión no se dice *dependiendo del* color del cristal con que se miren.

"DEPRIVACIÓN" / PRIVACIÓN

A cada paso nos topamos en la prensa o escuchamos en la radio o la televisión hispanas la expresión: "Esa familia sufría de *deprivación*"; "El niño presentaba señales de *deprivación*". ¿Cree usted que eso está bien? No, no está bien, porque además de ser un calco directo del inglés *deprivation* no encontrará usted *deprivación* en los diccionarios de la lengua española. Y no es que se hayan olvidado de ponerlo, sino que no existe. Lo que sí existe y ha existido durante siglos en castellano es *privación*; de manera que debemos decir: "Esa familia sufría de *privación* o *privaciones*"; "El niño presentaba señales de *privación*".

"DESARROLLADOR" / CONTRATISTA

"El alcalde de Nueva York les dio permiso a los *desarrolladores urbanos* para que iniciaran las obras de construcción". ¿Le parece correcta esa noticia? El sustantivo inglés *developer* no se traduce como *desarrollador,* sino como *contratista* o *promotor inmobiliario* o que toma a su cargo la *preparación* de terrenos y la *construcción* en ellos de nuevos núcleos de viviendas o negocios en una ciudad.

"DESARROLLAR" (1) / INVENTAR, REVELAR, PADECER

Por influencia del verbo inglés *to develop* hay quienes emplean erróneamente el verbo *desarrollar*. Por ejemplo, lo usan con el significado de inventar: "Gutemberg *desarrolló* la imprenta". En realidad, lo que se debe decir es que *inventó* la imprenta. Otro uso incorrecto del verbo es cuando alguien dice que va a *desarrollar* un rollo de fotos en vez de *revelarlo*. En el ramo de la medicina, *to develop* no es tampoco *desarrollar*, tratándose de una enfermedad, sino *contraerla, tenerla* o *padecerla*.

"DESARROLLAR" (2) / PRODUCIRSE, DERIVAR

Cuando en inglés se dice: "Tension *developed* between activists and the police", no se debe usar en español *desarrollar* sino *aparecer, producirse, surgir*. Y así, se diría: "Se *produjo* tensión entre los activistas y la policía". Otro ejemplo de uso incorrecto es cuando se dice que el español se *desarrolló* del latín, cuando se debería decir que el español *deriva* o *proviene* del latín.

"DESARROLLO" / SUCESO, HECHO, ACONTECIMIENTO

Después de leer que el alcalde había decidido controlar los gastos superfluos de la municipalidad, Tony le comentó a Ramiro: "Ese es un importante *desarrollo*". "*¿Desarrollo?*", le preguntó un poco maliciosamente Ramiro. "Sí —respondió

Tony—. Aquí lo dice bien: It was an important *development*, y *development* significa *desarrollo*, ¿no es así?" "Pues querido amigo —le respondió Ramiro—, esa es traducción de un vocablo del inglés, mal escogido entre varias *definiciones*. La traducción correcta es: "Fue un importante *suceso, hecho* o *acontecimiento*".

DESAYUNAR Y DESAYUNARSE

Hace unos días, al llegar al trabajo, Miguel le preguntó a una compañera si quería ir a la cafetería a desayunar con él. Blanca, su compañera, le contestó: "No, gracias, yo nunca *me desayuno*". Aunque este uso pronominal del verbo haga sonreír a algunas personas que se imaginan a Blanca hincando el diente en su propio brazo, lo cierto es que el *DRAE* admite ambas formas *desayunar* y *desayunarse* para expresar la acción de tomar el desayuno.

"DESORDEN" / TRASTORNO, ENFERMEDAD

Hay quien diría que fulano no puede trabajar pues tiene un *desorden* mental que no le permite concentrarse. Claramente aquí *desorden* se está usando como la palabra *disorder* en inglés, la cual se refiere a ciertas anomalías físicas y mentales. En español, el término *desorden* no tiene ese mismo significado, sino que quiere decir simplemente confusión o alteración del orden establecido. Lo que fulano tiene es un *trastorno*, una *enfermedad.*

"DETERIORADO" / DESMEJORADO

Escuche la siguiente oración: "No había vuelto a ver a don Julián desde que se enfermó; lo vi hoy, y lo encontré bastante *deteriorado*". El verbo *deteriorar* y el adjetivo *deteriorado* se emplean por lo regular para referirse a cosas materiales o inanimadas. Una casa, un mueble, un edificio pueden *deteriorarse.* En el caso de una persona, sería más recomendable decir *desmejorado.* Empleemos las palabras adecuadamente y evitemos el *deterioro* de nuestro idioma.

DISPONIBLE

¿Es lo mismo *disponible* que *available*? Pues según y cómo. Si se habla de estar uno a la disposición de otras personas, son iguales, como por ejemplo, "Estoy a tu disposición si me necesitas". Si se trata de comprar o vender un automóvil, en el que además de las funciones, dispositivos o piezas normales, se ofrecen —como dice el inglés— otras *available features*, eso no quiere decir que estén meramente disponibles, sino que se pueden comprar si uno las quiere.

DISQUETE Y FORMATEAR

¿Compró usted un *diskette* y quiere saber cómo se dice en español? Pues *disquete* es la adaptación al español de esa voz inglesa, o sea, un disco para almacenar datos informáticos. Y el dispositivo donde se inserta el *disquete* para su grabación, audición o lectura se denomina *disquetera*. Otro término que ya está adaptado al español es *formatear* que en informática significa "dar formato a un disco". De ese verbo nuevo se deriva *formateado*, que abarca los textos que se han *formateado* y la acción de *formateo*.

"DRAMÁTICO" / DRÁSTICO, ESPECTACULAR

El locutor dijo que el Gobierno había decretado un *dramático* aumento de precios. Alguien, al regresar de un viaje a México, le dice que había visto paisajes muy *dramáticos*. ¿A usted le suena bien eso de *dramático*? ¿Buscamos un escenario? El viajero y locutor usaron el término *dramático* en vez de los términos que correspondían: *drástico*, *espectacular.* Dejemos lo de *dramático* para lo perteneciente o relativo al drama teatral; y lo de melodramático, para las telenovelas.

"EL BENEFICIO DE LA DUDA" / LA PRESUNCIÓN DE INOCENCIA

Por influencia del inglés, la frase *the benefit of the doubt* ha sido traducida literalmente como *el beneficio de la duda* y, como el uso se impone, ya ha sido reconocida por la Real Academia Española y figura en su Diccionario. Pero la traducción más tradicional que se sigue usando en asuntos jurídicos es *la presunción de inocencia*, que significa aceptar que nadie es culpable hasta que se demuestre lo contrario. Eso está bien para abogados y jueces, pero en la vida cotidiana es preferible usar el *beneficio de la duda*.

EL "COMO" INNECESARIO

Es frecuente oír que a fulano *lo eligieron como president*e, que fue designado *como encargado de negocios* o que *fue nombrado como embajador.* En todos estos casos sobra el *como,* que suele ser traducción del también erróneo uso del inglés *as*. Lo correcto es decir que *lo eligieron presidente,* que *lo designaron encargado de negocios* o que *fue nombrado embajador*.

ELABORATE / DETALLADO, COMPLEJO

El término inglés *elaborate* no significa lo mismo que el español *elaborado,* sino más bien *detallado, complejo, complicado, intrincado.* Unos ejemplos: "He asked me *to elaborate* on my proposal ("Me pidió que *le diera más detalles* de la propuesta"); "This method is quite *elaborate*" ("Este método es muy *intrincado*"). En español, en cambio, *elaborado* significa hecho, confeccionado, fabricado, preparado, según el caso: *se hace* un vestido, *se confecciona* un postre, *se fabrica* un automóvil, *se prepara* un té.

E-MAIL / CORREO ELECTRÓNICO

El popularísimo *e-mail* (en inglés), medio de comunicación que se va imponiendo como reguero de pólvora, tiene un equivalente en español que es *correo electrónico.* Hay otras propuestas interesantes para designar al *e-mail* que no se han impuesto —al menos hasta ahora— como *correl* o *emilio.* Para referirse a la dirección, pueden emplearse también las expresiones *dirección electrónica* o *dirección de correo electrónico*; y, para el mensaje, *mensaje electrónico.* Una abreviatura adoptada por la Real Academia Epañola es *c.e.*

EMIGRACIÓN

El *DRAE* indica que *migrar* equivale a *emigrar* o "cambiar de residencia", y a *inmigrar* o "llegar a un país para establecerse en él". De los verbos *emigrar* e *inmigrar* tenemos los sustantivos *emigrante*, *emigración*, *inmigrante* e *inmigración*, pero no ocurre lo mismo con *migrar*, pues aunque existen *migración* y *migratorio*, en ningún diccionario del español aparece la palabra *migrante*.

"EN ADICIÓN A" / ADEMÁS DE

Tanto en la forma hablada como escrita oímos y vemos con frecuencia en español la forma anglicada *en adición a*, como en el ejemplo "Tal o cual político, *en adición a* ser corrupto, es muy poco inteligente". La oración no presenta problemas de comprensión, pero sí de lengua. De nuevo, la expresión inglesa *in addition to* desvirtúa el español, pues en nuestro idioma su equivalente es *además de*. La oración correcta, pues, sería "Tal o cual político, *además de* ser corrupto, es muy poco inteligente".

"EN ESPECIAL" / OFERTA, REBAJA

"La camisa estaba *en especial*", nos dice una amiga. ¿Qué le parece esta oración? Pues ocurre que muchos hispanounidenses usan la palabra "especial" de esta manera para traducir *on sale*. Se recomienda usar en cambio las voces españolas de sentido equivalente, como *oferta* o *rebaja*. Por ejemplo, "La gente va de compras por las *ofertas*", "Las *rebajas* en el centro comercial son considerables". Y cuando un restaurante ofrece *the chef's special* se refiere al *plato del día*.

"ENFERMEDAD SEVERA" / ENFERMEDAD GRAVE

En su trabajo falta un compañero, y cuando se pregunta por él, alguien dice que no pudo venir a trabajar por padecer una *severa* enfermedad. *Severo* en español se usa para describir la personalidad de alguien que es rígido, inflexible, áspero o adusto. Puede haber padres severos, maestros o jefes severos, pero muy difícilmente enfermedades *severas*, ya que las enfermedades carecen de personalidad. Eso sí, las enfermedades pueden ser *graves*, que es en definitiva el adjetivo que la persona debería haber empleado para referirse al padecimiento del compañero enfermo.

"ENFORZAR LA LEY" / HACER CUMPLIR LA LEY

Aunque nos engañe su parecido a *esforzar* y reforzar, *enforzar* no es voz castellana. Por consiguiente, no es lícito ni correcto copiar la frase inglesa *to enforce the law* y decir *enforzar la ley*. Aunque se oiga con frecuencia, es recomendable *esforzarse* por no repetir errores. En nuestro idioma se dice *hacer cumplir la ley*, *velar por el cumplimiento de las leyes y normas vigentes*. Así que eliminar *enforzar* del vocabulario bien vale la pena.

"ENTRAR" / INTRODUCIR

Entre el disco, leemos a veces en el manual de instrucciones cuando intentamos instalar algún programa en la computadora. Es, claramente, una traducción literal, y falsa, de *enter a disk*. *Entrar* es un verbo intransitivo, y como tal no tiene complemento directo (uno no *entra* una cosa). La traducción correcta en estos casos sería *introducir*. Así pues, debe decirse *Introduzca el disco*.

"ENTRENAMIENTO" / CAPACITACIÓN, ADIESTRAMIENTO

Aunque en inglés, para referirse a *entrenamiento* y *capacitación* o *adiestramiento* se utiliza la misma palabra, *training*, en español no se pueden usar indistintamente. *Entrenamiento* es la acción de *entrenar*, pero con énfasis en el aspecto físico, y así se dice "Los futbolistas van a *entrenarse* antes del partido" o "El *entrenamiento* de los atletas fue agotador". Sin embargo, cuando nos referimos a una actividad intelectual, la forma más adecuada no es *entrenamiento* sino *capacitación* o *adiestramiento*. Por ejemplo, "El profesor ofrecerá un seminario para *capacitar* a los estudiantes en el manejo de las nuevas computadoras".

"EN UN BUEN TIEMPO" / EN BUEN MOMENTO

"El bebé llegó a nuestras vidas en un *buen tiempo*", dijo una madre con satisfacción. ¿Significa esto que cuando el niño nació hacía sol? La mamá tendría que haber dicho: "El bebé llegó a nuestras vidas *en un buen momento* o *en el momento propicio*".

"ESCENARIO" / HIPÓTESIS, SUPOSICIÓN

Se ha puesto de moda, por influencia del sustantivo inglés *scenario* —que significa libreto, guión, y últimamente hipótesis—, hablar en español de tal o cual *escenario* para una concatenación de sucesos. Pero el *escenario* es parte de un teatro o bien el *lugar* donde ha sucedido algo. Para *scenario* tenemos en español *hipótesis, suposición, serie de circunstancias*. Dejemos el *escenario* en su lugar: en el teatro.

ESCUCHAR Y OÍR

Escuchar no es lo mismo que *oír*. Este último verbo designa la capacidad o posibilidad de percibir el sonido, mientras que *escuchar* designa el hecho de prestar atención al sonido. Por eso, a veces, aunque uno escuche, no consigue oír, o, inversamente, oye accidentalmente algo, aunque no lo escuche. Como le dijo una vez el académico Valentín García Yebra a una conferenciante que, para comprobar el funcionamiento del micrófono, le preguntaba si la escuchaba: "Señora —le respondió García Yebra—, claro que la escucho, de lo contrario sería muy mal educado".

"ESPERAR" / PREVER

Si decimos que hay cien prisioneros *esperando* que los ejecuten, ¿no habrá quien se pregunte por qué tienen esa *esperanza*? ¿No es más probable que estén esperando escaparse o recibir un indulto? Lo correcto sería decir que hay cien reos cuya ejecución está pendiente. Luego, si decimos que se *espera* que haya más muertos debido a un accidente, ¿no cabría preguntarse quién tiene esa cruel *esperanza*? Lo correcto sería decir que *se prevé* un aumento en la cifra de muertos. No siempre se deben traducir las palabras *to wait (for)*, *to hope (for)* o *to expect* por *esperar*, porque a veces corresponden a *previsión*, a *expectativa* y a otros conceptos.

"ESPERAR POR" / ESPERAR, ESPERAR A

Miguel espera en una esquina con un ramo de flores en la mano. Pasa por allí un amigo suyo y le pregunta: "¿Qué haces, Miguel?" "Pues ya ves —le contesta Miguel— espero *por* mi novia". Silvia llega tarde a la oficina. Don Jaime, su jefe, la increpa, y ella se disculpa: "Lo siento, don Jaime, pero es que estuve esperando *por* el autobús y no llegó a tiempo". Demasiados *pores*, ¿no le parece? El inglés se nos cuela *por* (y aquí sí está bien usado) los rincones más insospechados: *I am waiting for my girlfriend*, *I was waiting for the bus*. En estos casos, la preposición *por* está de más, pues lo correcto es "*Espero a mi novia*" y "*Estuve esperando el autobús*".

"ESTOY SUPUESTO" / SE SUPONE QUE

En inglés, la construcción *I am supposed to*, como en *I am supposed to learn French*, es perfectamente válida, pero si se traduce literalmente en español, *Estoy supuesto a aprender francés*, el resultado es un calco que socava la estructura de la frase, anglicándola, es decir, deformándola. La forma *supuesto* existe, como cuando se dice *en un supuesto*, refiriéndose a una suposición o hipótesis. En español hay varias formas de expresar ese *supposed to*. Bastaría con decir: *Tengo que aprender francés*, *Debería aprender francés* o *Se supone que aprenda francés*.

"EVENTUAL" / A LA LARGA, TARDE O TEMPRANO

La palabra *eventual* en español, significa *ocasional* o *circunstancial*. La palabra inglesa *eventual* significa *a la larga*, y *eventually* quiere decir *finalmente*. Y también se usa con frecuencia *eventualmente*, que es otro anglicismo, cuando en realidad se quiere decir *finalmente*. Por ejemplo, en vez de decir "*Eventualmente* todos nos arrepentiremos de algo", sería preferible: "*Tarde o temprano* todos nos arrepentiremos de algo".

"EVIDENCIAS" / PRUEBAS

En inglés como en español se suelen presentar ante un tribunal *evidencias* (*evidence*) o sea *pruebas* de un delito. Pero además de *pruebas*, *evidence* tiene otro significado del que carece el español: *indicio o señal de alguna cosa*. En español, *evidencia* es siempre *certeza o confirmación*, como en el caso de "These symptoms are *evidence* of a serious illness", cuya traducción sería "Estos son *síntomas* de una enfermedad que puede ser grave."

"FABRICACIÓN" / FALSIFICACIÓN

"Son pruebas judiciales *fabricadas*", nos dicen respecto a un sonado caso jurídico. Si se tratara de mercancía de consumo no hay duda de que se puede fabricar, confeccionar o producir.

Pero lo que significa el inglés *to fabricate evidence* no tiene que ver con *fabricar*, sino con *falsificar*. No es lo mismo *fabricación* que *falsificación*. Son cosas muy distintas y no se deben confundir, para no *falsificar* el significado de las voces tradicionales del español.

"FACILIDADES" / INSTALACIONES

"En este colegio disponemos de *facilidades* modernísimas", les dijo una vez el director de un flamante centro escolar de carácter privado a un grupo de periodistas. Y en efecto, tanto las aulas, como el gimnasio y el auditorio eran de primera categoría. ¿Pero por qué les habló de *facilidades* para referirse a las *instalaciones*? Seguramente porque pensó en la palabra inglesa *facilities*. No cometa el error del director, y recuerde que en español las *instalaciones* no son *facilidades*. Y ya de paso, conviene recordar que al *principal* de un colegio o escuela, en español se llama *director*.

"FACULTAD" / PROFESORADO

En el colegio de su hija le avisan que tal día tendrá la oportunidad de reunirse con la *facultad*. Pero esa expresión está calcada del inglés *faculty*. La *facultad* de una escuela, en español, es la división o sección que corresponde a cierta rama o disciplina del conocimiento académico, como la *Facultad de Medicina*. Es pues un error usar la palabra *facultad* para hablar del cuerpo docente de una institución. En nuestro idioma lo más correcto es decir que usted tendrá la oportunidad de reunirse y de hablar con el *profesorado*.

"FALACIA" / ENGAÑO, FRAUDE, MENTIRA

"Las mujeres son más despiertas que los varones", afirma Juana, y Pedro le responde: "Eso es *una falacia*". Pedro, como sabe que en inglés *fallacy* significa *error* o *idea falsa*, traduce literalmente el término del inglés por otro existente en español y muy parecido, *falacia*. Pero en español, *falacia* no significa lo mismo que en inglés, sino "engaño, fraude o mentira con que se intenta dañar a otro".

FAST FOOD / CÓMIDA RÁPIDA

La expresión inglesa *fast food* significa "comida que se prepara en muy poco tiempo". Recomendamos sustituirla por *comida rápida* y designar *restaurante de comida rápida* el local donde se sirve. En algunas zonas de América se usa *comida al paso*. ¿Y cómo llamar a la *junk food*? En España se usa *comida basura* pero en América se prefiere *comida chatarra*, aunque estos términos terminen por quitarle a uno el apetito.

"FASTIDIOSA" / METICULOSA

"Mi suegra es muy *fastidiosa* en todo lo que hace: todos los días se pasa horas y horas limpiando la casa hasta el último rincón, lavando y planchando la ropa hasta dejarla como nueva, peinando a la perrita hasta que el animal ladra de rabia", le dijo Reynaldo una vez a un amigo. Era obvio que a Reynaldo le *fastidiaban*, es decir, le molestaban, algunos de esos hábitos obsesivos de su suegra; y tal vez por eso, subconscientemente, y por influencia del inglés *fastidious*, en vez de decir *meticulosa* dijo *fastidiosa*. En español, una persona *fastidiosa* es una persona *importuna, pesada, cargante*. Es posible que la suegra de Reynaldo, además de *meticulosa* fuera también un poco *pesada*. Pero eso es harina de otro costal.

"FECHA DE EXPIRACIÓN" / FECHA DE CADUCIDAD

En las latas de conservas y envases de medicamentos es frecuente ver utilizado el término "Fecha de expiración" para referirse a la *fecha de caducidad*, que es tradicionalmente la expresión más apropiada para indicar la fecha límite en que una comida o un producto pueden ser consumidos sin temor a que se hayan estropeado.

FEELING / BUENA RELACIÓN, IMPRESIÓN

Don Victorino comentó en una reunión de amigos que tenía buen *feeling* con su ahijado, y por si esto fuera poco agregó que tenía el *feeling* de que el muchachito se inclinaría por estudiar medicina. ¡Qué acierto tuvo don Victorino para equivocarse dos veces! Porque si consultamos el Diccionario comprobaremos que *feeling* es un término inglés no aceptado por ninguna autoridad de la lengua española. Si bien en el Diccionario aparece *filin,* con la *i* y sin la *g* final, lo hace para designar solamente un estilo musical romántico de Cuba. Entonces ¿qué debería haber dicho Don Victorino? Pues que tenía *buena relación*, o *buena onda*, con su ahijado, y que tenía la *impresión* o *sensación*, de que el chico estudiaría medicina.

FLUIDOS

Con frecuencia nos topamos, en la traducción, con alusiones a *fluido* como equivalente al inglés *fluid*. Pero en la mayoría de los casos eso no es correcto. En inglés, *fluid* suele referirse a un líquido, y cuando se refiere a lo que en español es otro fluido, los gases, se les llama *gasses*, no *fluids*. Sólo en algunos trabajos de muy alta técnica se entienden por *fluids*, en inglés, los líquidos, los gases, y las mezclas de sólidos y líquidos capaces de fluir. Pero en español suena raro, y por algo será que no decimos, "los fluidos corporales", porque siempre se han llamado "líquidos o humores corporales".

"FÓLDER(ES)" / CARPETA

"El archivo contiene veinte *fólderes*", "Mi hijo lleva sus deberes escolares en un *fólder*". Del inglés *folder*, la palabra se emplea en varios países americanos con el sentido de pieza de cartón o plástico que sirve para guardar o clasificar papeles. Su plural debe ser *fólderes*. Aunque se reconoce el uso de este anglicismo en el español americano, no hay que olvidar que el término tradicional español equivalente es *carpeta*. Y recuerde que a las *carpetas* no hay que pasarles la aspiradora.

"FORMAS" / PLANILLAS

De las 19 acepciones que da el *DRAE* de la palabra *forma* ninguna equivale a lo que entendemos en inglés por *form*. Si rastreamos en un diccionario bilingüe, veremos que la palabra *form* se puede traducir por *forma*, *figura*, pero no por *formulario*, que es la palabra que deberíamos utilizar cuando nos referimos a esas planillas repletas de preguntas indiscretas que debemos rellenar continuamente en nuestro "burrocratizado" mundo.

FREEWAY / AUTOPISTA

"El *freeway* es la mejor vía para llegar al teatro" o "El *highway* es de cuatro carriles". ¿Qué opina de estas oraciones? Las palabra *freeway* y *highway* la emplean muchos hispanounidenses. Pero si se fija en los principales diccionarios del español, no hallará esos términos. Y como tenemos un equivalente preciso en español, que es *autopista*, no hay motivo para utilizar voquibles ajenos a nuestro idioma. Diga en cambio, "La *autopista* es la mejor vía para llegar al teatro" o "La *autopista* es de cuatro carriles". Pero si hay que pagar por utilizarla, entonces diremos que es una *autopista de peaje*.

FRÍZER

¿Acostumbra usted a guardar alimentos en el *frízer*? ¡Oh!–dirá usted–, ¿no se dice congelador? Sí, también se dice así. Ahora bien, tenga en cuenta que si bien *congelador* es el término español para designar el aparato electrodoméstico donde se congelan y conservan alimentos, el *DPD* admite *frízer* —con acento, con *i* y con *z* — como "adaptación gráfica propuesta para la voz inglesa *freezer*". La nueva palabra todavía no aparece en el *DRAE*, pero el *DPD* explica que se admite el empleo del anglicismo adaptado, "por su arraigo en varios países americanos".

"FUE AFECTADA" / LE AFECTÓ

"Cuando mi abuelito murió, mi familia *fue muy afectada*, porque todos lo queríamos mucho", le dijo una vez Beatriz a su nueva amiga Leticia. Suena bien, pero la frase no es del todo correcta. A Beatriz se le coló el inglés en eso de *fue afectada*" (*was affected*). Caben dos soluciones: decir "Mi familia *quedó muy afectada* por la muerte de mi abuelito" o pasar la oración a la forma activa: "La muerte de mi abuelito *afectó* mucho a mi familia".

"FUENTES" / TIPOS

La tipografía es sin duda un arte apasionante. Hasta no hace muchos años los escritores apenas tenían la posibilidad de elegir el tipo de letra que preferían para la impresión de sus libros y artículos. Hoy, escritores, plumíferos y simples mecanógrafos tienen a su disposición una gama variadísima de *tipos* o *familias de letras*. Lo malo es que como en inglés se les llama *fonts*, hay quienes, erróneamente, las llaman *fuentes*. Antes de poder diseñar y utilizar esos tipos de letras con las computadoras, solían llamarse, en tipografía, *fundiciones*, porque se fundían a mano.

"FUERA DE CÁMARA" / FUERA DE CAMPO / EN PRIVADO

Si algunos entrevistados hablan *fuera de cámara*, ¿es que acaso, en ocasiones, están *dentro de la cámara*? No, ¿verdad? Entonces concluimos que se trata de un calco de *off camera*, término técnico muy utilizado en los rodajes cinematográficos o televisivos para referirse a las tomas de sonido con cámara apagada o no enfocada hacia los interlocutores, lo que se suele denominar *fuera de campo*. Denota también algún comentario hecho junto a un micrófono que se creía desconectado. En muchos casos, esta idea puede comunicarse con voces como *en un aparte, en privado, en confianza, en la intimidad*.

"FUI NACIDO" / NACÍ

El español prefiere la voz activa a la voz pasiva, que es mucho más frecuente en inglés. Eso no significa que haya que evitar la voz pasiva siempre, pero hay casos en que el genio de la lengua parece rebelarse. Más de una vez hemos oído decir "*Yo fui nacido* en Chicago". Es un calco del inglés: *I was born in Chicago*. En español esa voz pasiva resulta casi contraproducente, porque equivale a una actitud, la de pasividad a la hora de nacer: como es natural, a uno lo traen al mundo, pero a pesar de eso, los hispanos decimos: *Nací en Chicago*, como sugiriendo que incluso antes de nacer ya había un deseo implícito de venir al mundo.

FULL-TIME, PART-TIME / A TIEMPO COMPLETO, A TIEMPO PARCIAL

"¿Trabaja *full-time* o *part-time*?", le pregunta a usted alguien a quien acaba de conocer. En vez de responderle con esa mezcolanza de lenguas, es mejor que le responda, a la vez que le pregunta: "Pues yo trabajo a *tiempo completo*. ¿Y usted, trabaja a *tiempo completo* o *a tiempo parcial*? O si prefiere, también podría haber utilizado los términos *jornada completa* y *media jornada*.

"GANAR Y PERDER PESO" / ENGORDAR Y ADELGAZAR

Imaginemos lo siguiente: un amigo le pide que le recomiende una buena dieta, pues en los últimos meses ha *ganado* mucho *peso* y necesita "perder unos kilitos o unas libritas". La expresión *ganar peso* y su contraria, *perder peso*, se han hecho tan comunes que casi pasan inadvertidas. Por normales que parezcan, hay que hacer hincapié en el hecho de que son frases calcadas de las expresiones inglesas *to gain weight* y *to lose weight*, respectivamente. En español, lo más correcto es decir que uno *engorda* o *adelgaza, aumenta* o *disminuye de peso*.

"GANGAS" / PANDILLAS

"*Las gangas* tienen la culpa de la violencia en el barrio", se lamenta una señora. ¿Qué le parece la oración precedente? En español, se habla de ganga cuando se adquiere algo a muy bajo precio o con poco trabajo. También se usa la palabra para designar un tipo de ave parecido a la tórtola. En cualquiera de estos dos sentidos es difícil que una *ganga* pueda ser causante de violencia. ¿No le parece que sería mejor usar el término correcto, que es el de *pandillas*?

"GASTAR TIEMPO" / PASAR TIEMPO

En sus ratos de ocio, a mucha gente le gusta leer, hacer ejercicio y charlar con sus amistades. ¿Y a usted cómo le gusta *gastar su tiempo* libre? Pero antes de que responda a la pregunta, ¿qué le parece eso de *gastar tiempo*? Si le suena mal, ha atinado: estamos ante un calco de la expresión inglesa *to spend time*. Usted puede *pasar* o *utilizar* el tiempo en algo, pero no gastarlo. Eso sí, se puede gastar dinero, e incluso gastarle una broma a alguien.

"GRATIFICACIÓN" / SATISFACCIÓN

Bien poco o nada tienen hoy en común los vocablos *gratificación* y *gratification*, como no sea su parecido en la escritura. En su día, el inglés tenía también la acepción española de *recompensa, propina*, que todavía conserva en el sustantivo *gratuity*. En cambio, la idea principal del inglés *gratification* la expresamos en español con el sustantivo *satisfacción* y sus derivados verbales.

"GUARDIA DE SEGURIDAD" / GUARDIÁN, VIGILANTE

Todos los *guardias* son de *seguridad*, tengámoslo por *seguro*. Así que copiamos innecesariamente la fórmula del inglés *security guard* si decimos *guardia de seguridad*. En español tenemos muchas voces para los que desempeñan este oficio: *guardián, custodio, escolta, vigilante*. Si se desea expresar literalmente su función, siempre puede emplearse *agente de seguridad*.

"HABLAR TU MENTE" / DECIR LO QUE SE PIENSA

Al salir de una agitada y bulliciosa reunión de trabajo, un compañero te dice: "Tú siempre te haces el tímido durante las reuniones; ¿por qué no *hablas tu mente*?" ¿No le parece raro eso de *hablar tu mente*? Al oírlo seguramente se dará cuenta de que esta expresión, que no es propia del idioma español, es un calco indebido del *speak your mind* inglés. Tendrá que responderle a su colega que no sólo es importante *expresarse* o *decir lo que piensa* durante las reuniones sino también hacerlo con propiedad.

"HISTORIAS" / NOTICIAS

Los noticiarios nos anticipan que van a traernos *historias*, seguramente por influencia del inglés, que las llama *stories*. Bueno, las *noticias* pueden hacer *historia*, pero no son *historias*, porque *historia*, además del significado que todos conocemos, tiene los de: narración inventada, mentira o pretexto, cuento y chisme. En cambio, el término tradicional en español es bien claro y directo: *noticia*. ¿Para qué andarse con *historias* si las *noticias* nos ofrecen realidades?

HOMICIDIO Y ASESINATO

¿Sabía usted que un *homicidio* y un *asesinato* no son exactamente lo mismo? El *homicidio* es la muerte de una persona por otra, no necesariamente de manera intencional. El *asesinato,* en cambio, es la muerte de una persona a manos de otra, cometida con premeditación o alevosía. Es decir, en el caso de un *homicidio*, la muerte puede haber sido causada por accidente o negligencia, mientras que en el caso de un *asesinato* no cabe duda de que el crimen se ha perpetrado de manera intencional. De manera que un *homicida* no es necesariamente un *asesino*. Ante las leyes que rigen la sociedad y el idioma es importante emplear las palabras con precisión.

"IGNORAR" / NO HACER CASO

"Pese a todo lo que yo había aportado, me *ignoraron*", se lamenta una empleada. *Ignorar* significa no saber algo, desconocerlo. Por ejemplo: "*Ignoro* si el Senado ha aprobado ese proyecto de ley". Aunque el Diccionario también reconoce como nueva acepción "no hacer caso de algo o de alguien", consideramos que es preferible seguir utilizando el término en su primer sentido únicamente, porque para el segundo hay equivalentes tradicionales. Por lo tanto, la empleada debería haber dicho: "Pese a todo lo que yo había aportado, *no me hicieron caso*".

"IMPREDECIBLE" / INCONTROLABLE, CAMBIADIZO

Nos dicen que un desastre de la naturaleza es *impredecible*. Pero no es cierto: todos los días hay *pronósticos* del tiempo. La naturaleza puede parecernos *caprichosa, antojadiza, incontrolable*. También hay quien afirma que las personas son *impredecibles* —copia del inglés *unpredictable*—. Pero no, el ser humano es *cambiadizo, voluble, inconstante*.

"INCLUYENDO" / INCLUIDO, INCLUSIVE

Es frecuente oír: "Hablaron los candidatos demócratas y republicanos, *incluyendo* algún independiente", o bien "Había muchas personalidades en la conferencia, *incluyendo* el alcalde". Lo correcto hubiese sido decir: "Hablaron los candidatos demócratas y republicanos, *incluido* algún independiente" y "Había muchas personalidades en la conferencia, *inclusive* el alcalde". Este uso de *incluyendo* (en español, gerundio) es calco del inglés *including* (que puede ser gerundio o participio, y en este caso, participio).

"INFLUENCIAR" / INFLUIR

Hasta cierto punto por influencia del inglés, afirmamos a menudo: "Estamos *influenciados* por el medio ambiente". Otros prefieren, en cambio: "Estamos *influidos* por el medio ambiente". Ambos son correctos. Pero fíjense que *influenciados* se deriva del verbo *influenciar* (*to influence*), que existe tanto en inglés como en español. Pero ya quisiera el inglés tener también un verbo como *influir,* más corto que *influenciar*, así que déjese influir un poco por nuestros consejos: utilice *influir* y no *influenciar*.

INGENUITY / CANDOR, SENCILLEZ

Cuando decimos en español *ingenuidad*, ¿queremos decir lo mismo que *ingenuity* en inglés? Ni lo intentemos, porque no son cognados. En inglés tiene el significado de *inventiva, habilidad, ingenio,* mientras que el español correspondiente a ese término inglés debe ser *candor, franqueza, sencillez, falta de malicia*.

INSTRUIR Y EDUCAR

¿Encuentra usted alguna diferencia entre estos dos verbos? Aunque a menudo se confunden, sobre todo por influencia del inglés, en español siempre ha habido una sutil diferencia entre ambos: *instruir* es enseñar algo a un niño o a un mayor; *educar* es cuestión de formación, de modales, de conducta. Por eso se suele decir que mucha gente instruida está muy mal educada.

"INTOXICADO" / ENVENENADO

Imaginemos la siguiente situación: al final de una noche de fiesta, un alegre amigo, balbuceando y arrastrando las palabras, le pide que lo lleve a casa, pues dice que está *intoxicado* y no puede conducir su automóvil. Usted, como verdadero amigo, no debe llevar al *intoxicado* a la casa de éste; lo que tiene que hacer es llevarlo al hospital de inmediato. Pues en español el verbo *intoxicarse* no significa embriagarse o emborracharse, como el verbo *to intoxicate* en inglés, sino *envenenarse*. Cuidado con esos anglicismos, verdaderos tóxicos que dañan la salud de nuestro idioma.

"INTRODUCIR" / PRESENTAR

Oscar le decía a su amigo Pepe: "Quiero que me introduzcas a tu amigo Narciso. Parece muy simpático". Se trata de otro error, también por influencia del inglés *—to introduce—*. Recordemos que en español *introducir* tiene el sentido de *incorporar,* de meter algo en el interior de otra cosa. En buen español, pues, Oscar tendría que haber dicho: "Quiero que me *presentes* a tu amigo Narciso. Parece muy simpático".

ISRAELÍ, ISRAELITA, JUDÍO, HEBREO

Es frecuente la confusión entre las palabras *israelí, israelita, judío* y *hebreo*, que se usan a menudo como si fueran sinónimos. Conviene distinguir claramente entre *israelí* —para referirnos a los ciudadanos o habitantes del estado de Israel, que pueden ser judíos, musulmanes, cristianos, agnósticos, etc.—, *israelita* —para referirnos al antiguo pueblo de Israel—, *judío* —para referirnos a la religión del Antiguo Testamento y a quienes practican el judaísmo, y también como designación de grupo étnico— y *hebreo* —para referirnos a la lengua del pueblo judío y a quienes la hablan—.

"LA PRIMERA COSA" / LO PRIMERO

Usted está frente al televisor, listo para tomar nota de las instrucciones del programa de cocina. Pero el simpático cocinero, en cuanto abre la boca, le quita el apetito al decir: "*La primera cosa* que tiene que hacer es encender el horno". El hablante, sin duda perito en los saberes y placeres del paladar, demuestra su falta de conocimiento del idioma español. Pues la frase *La primera cosa que tiene que hacer* es un calco indigesto del inglés: *The first thing you have to do*. Lo correcto en nuestro idioma es decir: "*Lo primero que debe hacer es encender el horno*". También en la lengua hay que seguir la receta.

LATINOAMÉRICA E HISPANOAMÉRICA

Latinoamérica es el nombre que engloba el conjunto de países del continente americano en los que se hablan lenguas derivadas del latín (como el español, el portugués y el francés), en oposición a la América de habla inglesa y holandesa. Es igualmente correcta la denominación *América Latina*. Para referirse exclusivamente a los países de lengua española es más propio usar el término específico *Hispanoamérica*.

"LIBRERÍA" / BIBLIOTECA

No hace mucho, se publicó en los periódicos la noticia de que el fallecido presidente Ronald Reagan mantenía al día un diario personal, que se conserva en la *librería* que lleva su nombre. No conocemos ninguna librería —o sea, tienda de libros— que lleve el nombre de Reagan. Sí conocemos, en cambio, una *biblioteca* con ese nombre. Es una más de las *bibliotecas* presidenciales establecidas para guardar los documentos importantes de cada ex mandatario. Que el diario de un presidente esté a la venta en una *librería* (en inglés, *bookstore*), es cosa completamente distinta a que su original se conserve en una *biblioteca* (en inglés, *library*).

LINK / ENLACE

Las instrucciones dicen: "Vaya al *link* del sitio web" y explican: "Los *links* de la página ofrecen mayor información". ¿Está bien usar ese *link* o hay algún equivalente en español? *Link* es voz inglesa, de uso frecuente en el lenguaje informático con el sentido de conexión que se establece entre dos elementos. Debe sustituirse por el término español *enlace*. Lo correcto, entonces, es decir "Las partes del texto que aparecen resaltadas en color, denominadas *enlaces*, permiten, al hacer clic (o pulsar) en ellas, obtener más información".

"LISIADO" / ALQUILADO, ARRENDADO

¿No ha oído decir que alguien tiene un auto *lisiado*? En español, *lisiado* se utiliza para calificar a una persona que tiene alguna lesión permanente. La traducción de la voz inglesa *leased* es *alquilado* o *arrendado*. La trampa del *espanglish* o *espanglés* daña el idioma, pero sobre todo le hace daño a usted.

"LLAMAR PARA ATRÁS" / DEVOLVER LA LLAMADA

"¿Me vas a llamar? —pregunta Lola—.Sí —le responde Juan—. *Te llamo para atrás*. Esta respuesta, que podría ser desconcertante para algún hispanohablante que no viva en Estados Unidos, se debe sin duda a que Juan traducía la frase del inglés *I'll call you back*. Pero si Juan reflexiona y se da cuenta de su despropósito, puede decirle en cambio a Lola: *Te llamaré nuevamente* o *Te devolveré la llamada*.

"LONCHE" / ALMUERZO

"María tomaba su *lonche*", "El *lonche* es a las doce", son oraciones que habrá oído más de una vez. Aunque es de uso común entre muchos hispanohablantes de Estados Unidos, y a la larga el uso termina imponiendo los vocablos que van conformando el idioma común, no hay que olvidar que existen términos en español para ese concepto, como una palabra tan resonante como *almuerzo*, que es el nombre que se le da en América y algunas partes de España, y *comida (del mediodía)* en el resto de España.

LOOK / IMAGEN, ASPECTO

Julia, alborozada, le dice a su amiga Mariel: "¡Tengo un nuevo *look*! ¡Si me vieras con el pelo corto!" Y una vecina se enorgullece del nuevo *look* de su cocina. ¿Nuevo *look?* ¿No habrá un equivalente en español? Se trata de un anglicismo innecesario y por lo tanto conviene sustituirlo por las voces españolas *imagen* o *aspecto*, ya sea para el cabello de Julia o para la cocina de la vecina.

"LOS OCHENTAS Y LOS NOVENTAS" / LOS OCHENTA Y LOS NOVENTA

A usted le preguntan: "¿Qué música prefiere, la de los *ochentas* o la de los *noventas*?" Claro, la respuesta depende del gusto personal, pero lo que no es cuestión ni de gustos ni de modas es esa *-s* sobrante al final de ochenta y noventa. Está claro que estamos ante expresiones calcadas del inglés, idioma en el que las décadas siempre van rematadas con una *-s* final, por ejemplo, *the eighties*, *the nineties*. En español, sin embargo, tales expresiones no suelen ser pluralizadas con *s*. De modo que lo más correcto es decir, al responder a la pregunta inicial, que prefiere la música de *los ochenta* o bien la de *los noventa*.

"MANDATORIO" / OBLIGATORIO

En español hay cosas *obligatorias*, pero nunca *mandatorias*. Aunque parezca voz española, *mandatorio* no está en el DRAE. No debe confundirse con *mandatario*, que significa "persona muy relevante en un gobierno", o sea el que ha recibido un *mandato* que debe cumplir. Así que cuando el inglés dice *mandatory*, nosotros tenemos la *obligación* de traducirlo bien y decir *obligatorio*.

MARKETING / MERCADEO

La palabra inglesa *marketing* se refiere a una técnica compleja que incluye la investigación del mercado, la elección de los productos para la venta, las condiciones y el lugar en que se han de vender, los anuncios comerciales que deben ser repartidos entre los consumidores, la distribución de los productos. En español se puede denominar *técnica de mercado* o *mercadotecnia*, o más concretamente *mercadeo*, palabra que tiene con *mercado* la misma relación que la palabra inglesa *marketing* con respecto a *market*, de la cual se deriva.

MITAD, MEDIADOS, MEDIO TIEMPO

Como el inglés usa *middle* para todo, tendemos a copiarlo indebidamente con *mitad*. Pero no: *mitad* es para cosas que se miden con precisión: la mitad del dinero, la mitad del tiempo, la mitad de un terreno. En cambio, *mediados* es una aproximación: estamos a *mediados* de mes, de año, del plazo previsto. Lo último, *medio tiempo* es calco erróneo de *half-time*, el descanso en los partidos de fútbol, que en nuestro idioma se llama *intermedio* o *medio tiempo*.

"OBSERVAR" / CONMEMORAR

Los escolares están contentos; les han dicho que el lunes no habrá clase puesto que se *observará* la defunción de un personaje histórico. Ojo, aquí, al verbo *observar* se le está dando el sentido del inglés *to observe*. En español, *observar* significa examinar o mirar algo atentamente. Por otro lado, con igual desatino, hay quien diría que el lunes *se celebrará* el fallecimiento del mismo personaje. Aquí también hay que tener cuidado, pues la muerte de alguien normalmente no es motivo de celebración o de fiesta. En español tenemos un verbo cuyo significado está más de acuerdo con lo queremos decir: *conmemorar*, es decir, hacer memoria, recordar.

OBSERVAR, ABSORBER Y ADSORBER

¿*Observar*? ¿*Absorber*? ¡No son lo mismo! *Observar* lleva primero una be (be alta o be larga) y después una uve (ve baja o ve corta) y significa "examinar atentamente". *Absorber*, en cambio, se escribe con dos *bes* largas, y significa, aplicado a una sustancia sólida, "ejercer atracción sobre un fluido con el que está en contacto hasta hacerlo penetrar en un cuerpo"; o, en medicina, aplicado a las células, "incorporar materias o sustancias externas". No confundamos, pues, *observar* con *absorber.* Existe también el verbo *adsorber*, que significa "ejercer atracción sobre un fluido, pero sólo en la superficie, no en el interior de un cuerpo".

OFICINA

Se está difundiendo en América el uso de *oficina* por lo que en inglés se denomina *office* para designar el lugar donde se llevan a cabo negocios u otras actividades profesionales. Así, se dice en ese idioma, *doctor's office, lawyer's office, business office*. En español tenemos vocablos específicos para cada profesión: *consultorio* (de un médico), *bufete* (de un abogado), *despacho* (de un funcionario, de un profesor, de un hombre o mujer de negocios).

ONLINE / EN LÍNEA

Estará usted de acuerdo en que una de las mayores ventajas de Internet, hoy en día, es que nos permite efectuar a distancia todo tipo de transacciones *online*. La palabra *online* es uno de los neologismos de origen inglés más utilizados actualmente en nuestra lengua y designa la conexión a la Red. Recomendamos, sin embargo, utilizar el calco *en línea* en lugar de la expresión inglesa *online*, anglicismo totalmente innecesario.

ORDENADOR Y COMPUTADORA

¿Cuál de los siguientes nombres es mejor para indicar lo que en inglés se llama *computer*? En España se ha venido usando *ordenador*. Durante algún tiempo, la Real Academia Española favoreció el uso de *ordenador*, tal vez porque a los españoles no les sonaba muy bien lo de *computadora* o porque en Francia se había impuesto ya lo de *ordenateur*. No obstante, en América

—y nos referimos a los países hispanoamericanos, no sólo a Estados Unidos— ha sido siempre más común el uso de *computadora*. Y poco a poco, ha empezado a usarse también en España.

"ORDENAR" / PEDIR, ENCARGAR

El verbo *ordenar*, en su sentido de *pedir* o *encargar* es un anglicismo innecesario. Así, no es raro ir a un restaurante y *ordenar* enchiladas o llamar a una librería y *ordenar* libros, lo cual no tiene sentido ya que en nuestro idioma *ordenar* tiene el significado de mandar a alguien y también, claro, el de organizar y poner las cosas en orden. De modo que cuando se va a un restaurante uno *pide* o *encarga* una ensalada y no la *ordena*.

PADRES Y PARIENTES

¿Qué diferencia hay entre *parent* y *pariente*? En inglés *parent* significa "el padre o la madre" o bien, en plural, *parents*, que equivale a los dos progenitores. En español, *pariente* corresponde a lo que en inglés se llama *relative*, es decir, al *pariente* como un primo, un sobrino, un cuñado, y no exclusivamente a las personas de parentesco más próximo, como los padres, hijos o abuelos, que así suelen nombrarse.

PARKING / APARCAMIENTO, ESTACIONAMIENTO

"El *parking* del estadio estaba repleto". ¿Qué le parece esta oración? La palabra *parking* es obviamente una voz inglesa. Por lo tanto, se recomienda usar voces españolas como *aparcamiento* o *estacionamiento*, ambas incluidas en el *DRAE*. Pero si no le gusta ninguna de éstas, también podría usar APARCADERO. A veces, el ir a contracorriente puede dar, a la larga, buenos resultados.

PASSWORD / CONTRASEÑA

Si alguien dice que se le ha olvidado el *password* para acceder a tal o cual cibersitio o sitio web, también se le ha olvidado un poco el español, porque en nuestro idioma el *password* es la *contraseña*. Además de *contraseña*, existen otras alternativas para el citado anglicismo, como *código de seguridad, código* o *clave de acceso* y *clave personal*.

"POBRE VISIBILIDAD" / FALTA DE VISIBILIDAD

En un artículo de periódico, de repente nos topamos con la siguiente oración: "*La pobre visibilidad* en la autopista causó muchos accidentes". Aquí no sólo chocan los automóviles sino también las palabras. Lo de *pobre visibilidad* es sin duda calco de la expresión *poor visibility* en inglés. Los adjetivos *pobre* y *poor* no son equivalentes exactos, o por lo menos no se usan exactamente igual. En español la visibilidad no puede ser *pobre,* es decir necesitada, humilde o infeliz. Lo que diríamos en español es que "*La falta de visibilidad* en la autopista causó muchos accidentes".

"PÓLIZA DE RETORNO" / REGLAS DE DEVOLUCIÓN Y REEMBOLSO

Antes de pagar una prenda de vestir, un precavido cliente le pregunta al dependiente: "Disculpe, ¿cuál es *la póliza de retorno* de esta tienda?" Obviamente, pese a todo lo que se dice en este país sobre los derechos incuestionables del consumidor, el cliente no siempre tiene razón, especialmente en lo que respecta al uso apropiado del lenguaje. Pues, ¿no le parece bastante raro el nombre de *póliza de retorno*? Claramente, es calco del inglés *Return policy.* Lo más correcto habría sido preguntarle al dependiente sobre las *Reglas de devolución y reembolso* de la tienda, que es como normalmente se dice en nuestro idioma.

"PREGUNTAR POR" / PEDIR

Un envalentonado compañero, al salir del trabajo le dice a otro: "Ya no aguanto esta situación. Mañana mismo, pase lo que pase, me planto ante el jefe y le *pregunto por* un aumento de salario". Para obtener el aumento, sin embargo, este compañero tendrá que saber primero cómo expresar bien su deseo. Recordemos que en español no *se pregunta por* un aumento, copia de la expresión *to ask for* en inglés, sino que *se pide* un aumento. En nuestro idioma existe, pues, una diferencia bien marcada entre *preguntar* y *pedir.* Expresémonos correctamente ya sea para pedir o bien para preguntar algo. En cambio, sí se puede preguntar por un amigo, una dirección, etc.

"PREÑADA" / EMBARAZADA

A diferencia del inglés, que usa la misma palabra, *pregnant*, para personas y animales, en español, aunque no en todos los países, se distingue entre mujeres y animales. Decir que una mujer está *preñada* (pese a su etimología latina, de *impregnare*) puede parecer un poco vulgar. Por lo tanto (y aunque sea un eufemismo), es preferible decir que esa mujer está *embarazada, encinta* o *en estado.*

PRETEXTOS, DISCULPAS, EXCUSAS

Como el inglés usa *excuse* a diestra y siniestra, tendemos a calcarlo con *excusa.* Pero no hay *pretexto* para tal cosa. El *pretexto* se da por lo general para justificar algo que se quiere hacer o dejar de hacer. En cambio, *excusa* es precisamente lo contrario: lo que se afirma *a posteriori* para librarse de culpa o responsabilidad. Y por último, *disculpa* es lo que se da después de que el *pretexto* y la *excusa* han sido inútiles. Como decíamos, no valen *pretextos* para tanta *excusa*.

"PRIMER NOMBRE" / NOMBRE, NOMBRE DE PILA

Aunque no suene bien en nuestro idioma, no faltará quien le haga la siguiente pregunta de la manera más natural: "¿Cuál es su *primer nombre*?" En español no se dice que se tiene un *primer nombre* sino un *nombre (de pila)* y *un apellido* y, eso sí, a veces más de un nombre y más de un apellido. La frase "*¿Cuál es su primer nombre?*" es pues, claramente, una imitación de la interrogativa en inglés: *What is your first name*? Para formular la misma pregunta, en español lo más normal es decir sencillamente: "*¿Cómo se llama usted?*" o "*¿Cuál es su nombre de pila?*"

"PRIMERO DE TODO" / ANTES QUE NADA, EN PRIMER LUGAR

Por influencia de la frase *first of all* del inglés, oímos y leemos a menudo en español la expresión *primero de todo*, en vez de la forma correcta, *antes que nada* o *en primer lugar*. Así que, por ejemplo, en vez de decir: "*Primero de todo*, conócete a ti mismo", diga "*Antes que nada*, conócete a ti mismo". No es que sea un error garrafal, pero si no nos cuidamos de corregir estos pequeños errores, los anglicismos innecesarios irán invadiendo y deformando poco a poco esta hermosa lengua universal que es el español.

PUBERTAD

¿Qué es la pubertad? En español se entiende que *pubertad* es la primera fase de la adolescencia, en la que se producen las modificaciones propias del paso de la infancia a la edad adulta. La definición en inglés de *puberty* es más explícita: es el estado de la adolescencia en que el individuo adquiere la capacidad fisiológica de procrear.

"QUÍMICOS TÓXICOS" / SUSTANCIAS QUÍMICAS TÓXICAS

El Centro para el Control y Prevención de las Enfermedades informó que el humo del tabaco de segunda mano contiene *toxic chemicals*. No lo traduzca como *químicos tóxicos*, pues en ese caso se referiría usted a los profesionales de la química. Lo más acertado es decir *sustancias químicas tóxicas*.

"RAMAS" / SUCURSALES

Al exigirle a alguien que le devuelva el dinero que le debe, éste contesta que no puede dárselo directamente, pero que no se preocupe, pues se lo depositará dentro de un mes en la cuenta de su banco, y que usted podrá retirar la cantidad en cualquiera de las *ramas* de ese banco. Usted, claro, estará en su derecho de enojarse y de responderle al deudor que no se ande por las *ramas*, ya que, aparte de que no tiene la paciencia para esperar tanto tiempo, los bancos, a diferencia de los árboles y de otras plantas, no tienen *ramas*. Si bien en inglés los bancos tienen *branches*, en español tienen *sucursales*.

"REALIZAR" / DARSE CUENTA

"No *realicé* que en clase no debo usar el celular", le dijo un estudiante a su profesor de español. Lo que se dice entender, el profesor lo entendió perfectamente, pero no tuvo más remedio que señalarle al alumno que, en este caso, en español, *realizar* significa sencillamente *hacer*, *llevar a cabo*, y que el verbo equivalente al *to realize* inglés era *darse cuenta de*. "¿Comprendiste la explicación?", le preguntó entonces el profesor. "Sí, *me doy cuenta de* que debo tener más cuidado al hablar español", le respondió el estudiante. "Sí, y de no usar el celular en clase", apostilló el profesor.

"REBOTAR" / REINICIAR

Las nuevas tecnologías nos plantean más de una duda a la hora de comunicarnos. Aunque el verbo inglés *to reboot* no suele traducirse así en textos escritos, coloquialmente, en la jerga de la informática, se suele hablar de *rebotar* la máquina, lo cual es un barbarismo. Es como si nos dijeran que íbamos a jugar al baloncesto con la computadora por pelota, o que la arrojáramos por la ventana como si ésta fuera el cesto del *basketball*. La traducción correcta es *reiniciar* o *rearrancar*.

"REGRESAR A CASA" (*HOME*) / REGRESAR A LA TIERRA, A SU PAÍS

En el periodismo se oyen los siguientes comentarios: "El trasbordador espacial regresó *a casa*", "Las tropas pronto regresarán *a casa*". Todos estos usos son copias erróneas del inglés *home*. Conviene recordar que las astronaves *no* regresan *a casa*, sino *a la tierra*, y las tropas destacadas al exterior no regresan a casa, sino *a su país, a la patria*.

"REINICIAR" / REANUDAR

Termina el primer tiempo de un partido de fútbol y después del descanso, cuando los jugadores se aprestan a regresar al campo, el locutor anuncia "¡*Se reinicia* el partido!" ¿Le parece correcto? Pues no lo es. Debería haber dicho "¡*Se reanuda* el partido!", porque *reanudar* significa seguir desde donde se había interrumpido el partido, mientras que *reiniciar* quiere decir empezar todo de nuevo.

"RELEVANCIA" / PERTINENCIA

Una palabra muy de moda, cuyo significado resulta ambiguo a menos que el contexto nos la aclare —y ni eso basta en muchos casos—, es *relevancia*. Hasta hace poco, e incluso en la última edición del *DRAE* había denotado y sigue denotando *importancia*, *gran magnitud, grandeza*. Pero cada día más, por influjo del inglés *relevance,* se confunde con *pertinencia*, y así oímos cosas como "Esto no es relevante para el caso", cuando en realidad queremos decir "Esto no es pertinente en este caso" o "no viene al caso".

"REMOVER" / BORRAR, QUITAR

Un amigo suyo le comenta que quiere encontrar a un doctor que le ayude a *remover* el tatuaje que se hizo cuando era joven y del que ahora se avergüenza. Por suerte, hay cosas que pueden corregirse sin tener que recurrir al médico como, por ejemplo, el uso inadecuado de ciertos verbos. Pues, claramente, su amigo está empleando *remover* como equivalente del verbo *to remove* en inglés. En español, *remover* se usa para designar la acción de mover algo repetidas veces agitándolo o dándole vueltas, o bien el acto de pasarlo de un lugar a otro. Obviamente su amigo no quiere *remover* ese molesto tatuaje sino *borrarlo* o simplemente *quitárselo.*

"RENTAR" / ALQUILER

Pese a que se está generalizando el uso de *renta* por *alquiler,* recomendamos el uso de *alquiler,* porque, estrictamente hablando, la *renta,* en español, es el beneficio o utilidad que produce anualmente a un propietario un inmueble u otra propiedad.

"RESIGNACIÓN" / DIMISIÓN

Dos son, fundamentalmente, las acepciones que registra el *DRAE* para la palabra *resignación*: la de "Entrega voluntaria que alguien hace de sí poniéndose en las manos y voluntad de otra persona" y la de "Conformidad, tolerancia y paciencia en las adversidades". El vocablo *resignación* se utiliza mucho, por ejemplo, cuando se le da el pésame a alguien; ahora bien, cuando alguien abandona un empleo, también nos recuerda el Diccionario, se debe decir que fulanito de tal "ha presentado la *dimisión* o la *renuncia*", en vez de la *resignación*.

"RETALIAR" / TOMAR REPRESALIAS

¿Cómo diríamos en español lo que en inglés se indica con el verbo *to retaliate*? Sorprenderá a no pocos, empapados del inglés, enterarse de que existen en español *retaliar, retaliación, retaliador* y *retaliativo*. Y en los periódicos se leen a cada paso ejemplos de *retaliado,* lo que hace pensar que no tardará este adjetivo en figurar también en el Diccionario. Lo que dirían Cervantes y García Márquez sería, probablemente, *tomar represalias*, para el verbo, y simplemente *represalias* para el sustantivo.

ROMANCE

Usted sabe que un *romance* es una relación amorosa. Pero *romance* también tiene otros significados importantes para el idioma: se llaman *romances* las lenguas derivadas del latín, como nuestro español, el italiano, el francés, el portugués, el catalán, el rumano; y también un tipo de poesía popular de origen español y una novela o libro de caballerías. Y por si fuera poco, un *romance* puede significar una excusa, como aquel que dice "No me vengas con *romances*".

"SALVAR" / AHORRAR, ECONOMIZAR

El verbo inglés *to save* se puede traducir como *salvar*, pero no en todos los contextos. Por ejemplo: en la computadora no *se salva* un documento, sino que se *guarda*, y mucho menos se *salva* una porción de pastel o tarta para un amigo. La traducción correcta de *to save* es también *guardar*. Tampoco *se salva* dinero, sino que *se ahorra* o *se economiza*.

SANTUARIO

Con frecuencia los medios de comunicación hablan de los *santuarios de aves,* esos reductos donde los pájaros pueden vivir sin peligro. Claro, parecería natural traducir el término inglés *sanctuary* por *santuario*. Pero ocurre que *santuario* es, según el *DRAE*, "el templo en que se venera la imagen o reliquia de un santo de especial devoción". ¿Usted se imagina a las aves rezando? ¿Verdad que no? Entonces, no utilice *santuario* por *refugio.*

"SATISFECHOS CON" / SATISFECHOS DE

Pese a los tiempos difíciles en que vivimos, hay quienes dicen que están totalmente satisfechos *con* su trabajo y también *con* su vida personal. Sin duda, estas personas o tienen muy buena suerte o saben vivir bien; pero lo que no saben es usar bien las preposiciones. Ese *con* que figura entre el estar satisfecho y la cosa de la cual se está satisfecho está fuera de lugar. Se puede estar satisfecho *de* algo pero no satisfecho *con* algo, que es sin duda calco de la expresión *to be satisfied with,* propia del idioma inglés.

SCHOLAR / ESTUDIOSO, HUMANISTA

Un *escolar* y un *scholar*, por mucho que se parezcan, distan mucho de ser lo mismo. El primero, el *escolar*, se refiere *al alumno, al niño que va al colegio o escuela.* En cambio, en inglés *scholar* es *un estudioso, un humanista*, que se concreta todavía más si lo llamamos *latinista* cuando se trata de un experto en latín, *helenista* al que se especializa en el estudio, investigación o enseñanza del griego, e *hispanista,* cuando se refiere a alguien que se dedica a la lengua española y a las literaturas hispánicas.

SENDOS

A cada cual o a cada quién lo suyo. Si mi casa tiene un garaje y la de mi vecino tiene otro, puedo decir que "su casa y la mía tienen *sendos* garajes". Este adjetivo distributivo

—*sendos*— sirve para designar uno —o una— de cada cual de dos o más personas o cosas. Por eso podemos decir también que: "Las tres hermanas recibieron *sendos* regalos" para dar a entender que cada una recibió uno.

"SENSITIVO" / SENSIBLE

Después de actuar en una obra teatral escolar, una de las chicas —que había puesto mucha emoción en su personaje— comentó que los artistas eran muy *sensitivos*. Pero en español, *sensitivo* significa que tiene la capacidad de sentir, mayormente en su sentido físico, mientras que la pequeña actriz había recurrido al término inglés *sensitive* para describir a alguien capaz de sentimientos delicados o que se deja llevar fácilmente por las emociones. Pero el término que mejor corresponde en español es *sensible*.

"SIMPATÍAS" / PÉSAME, CONDOLENCIA

No le muestre o envíe sus *simpatías* a los familiares de una persona que ha fallecido, cuando lo correcto es expresarles o enviarles su mensaje de *condolencia* o *pésame*. La voz inglesa *sympathy* tiene otros significados muy parecidos a nuestra española "simpatía"; pero en este caso específico, lo adecuado no es expresar simpatía, sino pesar. Así que deles el *pésame,* expréseles sus *condolencias,* y todos estarán de acuerdo en que así lo hace porque siente aprecio y simpatía por el finado y sus familiares.

SOFTWARE / PROGRAMAS INFORMÁTICOS

"Mi computadora tiene el *software* actualizado", dice un estudiante. "El *software* es muy caro", comenta otro. *Software* es la voz inglesa que se usa, en informática, con el sentido de *programa* o *conjunto de programas* para ejecutar ciertas tareas en una computadora u ordenador. Puede sustituirse por la expresión española *programas informáticos*. Por ejemplo, diga "La computadora tiene los *programas informáticos* necesarios". Pero en un texto, nos es necesario repetir *informáticos* si se ha indicado ya poco antes.

"SOPORTE" / APOYO

"Usted tiene el *soporte* de la mesa directiva", dice alguien visiblemente influido por el término inglés *support*. ¿A usted le suena bien esta oración? Pues ocurre que *soporte* es un calco semántico, es decir, una de aquellas palabras a las que por influencia del inglés les damos en español significados que no les corresponden. Preferible es decir, "Usted tiene el *apoyo* de la mesa directiva".

SOSPECHOSO, ACUSADO, CONVICTO

¿Cuándo es alguien *sospechoso* de haber cometido un delito? Respuesta: cuando aún no se ha determinado nada sobre su posible culpabilidad. Al sospechoso lo detiene la policía. Pero si ya se le ha acusado o se le está enjuiciando, es más que sospechoso: es el *acusado*, el *procesado*, el *enjuiciado*, o el *presunto autor* del delito de que se le acusa. Cuando se le dictamina la culpabilidad, ya no se puede hablar de *sospechoso* sino de *convicto,* que es el reo a quien legalmente se le ha comprobado el delito.

SPONSOR / PATROCINADOR

Un cronista deportivo decía con todo desparpajo que un club de fútbol había conseguido un importante *sponsor*. Y por si eso fuera poco, pronosticaba que otras empresas se interesarían en *sponsorizarlo*. En español son más apropiados los términos *patrocinar*, que significa apoyar o financiar una actividad, y *patrocinador*, que es el que la apoya o financia.

SUPUESTO

Nos hablan a veces de las *supuestas* víctimas de un delito o crimen. Pero si efectivamente resultan perjudicadas por culpa ajena, no hay tal *supuesto*. Nadie que haya resultado herido o sufrido daños y perjuicios se puede considerar como víctima *presunta* o *supuesta*, ya que sufre las consecuencias en carne propia. Solo cabría la *presunción* respecto a la responsabilidad ajena. Pero pregúntenle a la víctima si se considera *presunta* o *supuesta,* cuando aún le duelen las heridas.

"TAIPEAR" / ESCRIBIR A MÁQUINA, MECANOGRAFIAR

Una de las preguntas más frecuentes que hacen algunos estudiantes cuando el profesor les asigna un trabajo de clase es si pueden entregarlo en forma manuscrita o si, por el contrario, deben *taipearlo.* El término *taipear* es incorrecto en español. *Taipear* es un calco del inglés *to type*, cuyo equivalente en español es *teclear* o *escribir a máquina.* Además, ¿qué habrá pasado con el verbo *mecanografiar*?

"TAN TEMPRANO COMO" / YA DESDE

Cuando el inglés señala que algo sucede desde antes de lo que se pensaba, lo expresa con *as early as.* Lamentablemente, este giro se traduce a menudo por *tan temprano como.* No sabemos de temprano, pero nunca será tarde para aconsejar que su equivalente español es *ya desde.* Por ejemplo: "*Ya desde* el año 3000 a. C. había sistemas de escritura". Si se trata de un acontecimiento futuro, la fórmula es parecida. Por ejemplo: "*Ya desde* el mes próximo habrá transporte". O si no, empléese *mismo*: "La lección podría comenzar mañana *mismo*". Nunca será *temprano* ni *pronto* para suprimir giros anglicados.

"TENER SEXO" / TENER RELACIONES SEXUALES

Al salir del cine, un imberbe adolescente le pregunta a un compañero: "¿Oye, tú *has tenido sexo* alguna vez?" El otro, riéndose, contesta ante la incredulidad de su curioso amigo: "Yo, claro, siempre lo he tenido, hasta desde antes de nacer". Lo que sucede es que el amigo preguntón empleó la expresión *tener sexo* erróneamente por influencia del *to have sex* inglés. Lo que quería descubrir no era el sexo de su amigo, es decir, aquella condición orgánica que distingue al macho de la hembra, sino si acaso éste había tenido *relaciones sexuales*, lo cual, dicho sea de paso, se puede decir de mil maneras sin tener que recurrir a formas copiadas del inglés.

"TENER UN BUEN TIEMPO" / PASARLA/O BIEN, DIVERTIRSE

Se oyen con demasiada frecuencia frases como "La fiesta fue de lo más chévere. *Tuvimos un buen tiempo*". Suena a español, pero no lo es. En español, la mejor forma de traducir la expresión *we had a good time* es: "*Lo pasamos muy bien*" o "*Nos divertimos mucho*".

***TICKET* / BOLETO, ENTRADA**

¿Que tiene usted un *ticket* para el concierto de José Feliciano? Felicitaciones. Que lo disfrute. Pero ¿sabe que podría haber usado las palabras *tique* y *tiquete*? Además de estos anglicismos ya adoptados existen en español varios términos tradicionales que pueden usarse en su lugar: *boleta, boleto* o *entrada* (para un espectáculo) y *billete* o pasaje (para acceder a un medio de transporte). ¡Disfrute del concierto. Las *entradas* son estupendas!

"TIEMPO" / HORA

"¡*Es tiempo* de cambiar de automóvil!";"¡*Es tiempo* de comprar tal cosa!", nos dice la publicidad. Y en las emisoras se oye "*Es tiempo* de una pausa". En inglés, *time* sirve para cualquier espacio de tiempo; no así en español. No decimos ¿qué *tiempo* es?, sino ¿qué *hora* es? La voz *tiempo* indica un período determinado, como estación (invernal, veraniega), época (de cosecha, de guerra), estado meteorológico (de lluvia, de tormenta). La palabra *hora* indica un momento o instante: es *hora* de comer, de dormir, de levantarse, mientras que en inglés se diría *it´s time to eat, it´s time to sleep, it´s time to get up*.

"TOCAR" / CONMOVER, ENTERNECER

Nos dicen que Diana, la Princesa de Gales, *tocó* a mucha gente. En efecto, *tocó* a los enfermos de sida, dándoles la mano cuando nadie se atrevía a hacerlo. Pero no es eso lo que corresponde como equivalente del inglés *to touch*, que nada tiene que ver, en este caso, con *tocar* sino que significa *conmover, enternecer, despertar simpatías* o *sentimientos de afecto*. La princesa Diana puede habernos llegado al corazón, a lo más profundo de nuestro espíritu e íntima sensibilidad. Pero la voz *tocar* no le hace justicia, pues lo limita al plano de lo físico.

"TÓPICO" / LUGAR COMÚN

La palabra española *tópico* se usa con demasiada frecuencia en el sentido del inglés *topic*. En inglés, *topic* significa simplemente el *tema* de que se trata o que se va a tratar: "What´s the *topic* of today´s lecture?" "¿Cuál es el *tema* de la conferencia de hoy?". En español, *tópico* se refiere a *lugar común, expresión muy manida, cliché*, como cuando se habla de la brevedad de la vida o de la veleidad de la Fortuna.

"TRATAR" / PROBAR

Mireya, que ha vivido en este país la mayor parte de su vida, a veces invita a sus amigos a *tratar* un dulce o un videojuego, cuando lo correcto sería que los convidara a *probar* una comida o un nuevo juego, que es la traducción correcta en estos casos del verbo inglés *to try*. En inglés, *to try* tiene dos significados diferentes: intentar y probar. El verbo *tratar* puede significar *intentar* pero no *probar*.

TUNA / ATÚN

Aunque parezca una costumbre de otros tiempos, en muchas universidades hispanas existen todavía grupos musicales de jóvenes que cantan, tocan instrumentos y dan serenatas. A esos conjuntos musicales se les llama estudiantinas o *tunas*, sean o no pícaros quienes las conforman. También llamamos *tuna* al fruto del cacto, y aunque es verdad que es comestible (aunque sea espinoso y pinche), crece en el desierto y no el mar. Usted puede comerse una *tuna*, aunque se pinche la mano, pero cuando quiera comerse un pescado, pida *atún* (*tuna fish* del inglés).

"USAR PRECAUCIÓN" / TOMAR PRECAUCIÓN

A imitación del inglés, vemos y oímos advertencias de *usar precaución* (*use caution*). Pero en español la precaución no es algo que se *usa*, ni tampoco, como con algunas cosas o artículos, se *gasta*. Se pueden *tomar precauciones*, o bien se puede *ser precavido*.

"VEGETALES" / VERDURAS, HORTALIZAS, LEGUMBRES

Un amigo le aconseja siempre que trate de comer más *vegetales*. La intención de su amigo es muy loable, pero no lo es tanto el uso de la palabra *vegetales* en este caso. Si bien en español se emplea *vegetales* para referirse a las plantas de modo general, hay que hacer hincapié en el hecho de que no todas las plantas son comestibles, pues algunas son dañinas y hasta venenosas. En cambio, en inglés, la palabra *vegetables* se emplea para referirse casi exclusivamente a las plantas comestibles. En español, a los *vegetales* comestibles solemos llamarlos *verduras*, *hortalizas* y *legumbres*.

VERGONZANTE Y VERGONZOSO

En los medios de comunicación hemos comprobado el uso equivocado, tanto en España como en Hispanoamérica, del adjetivo *vergonzante* cuando lo que se quería decir era *vergonzoso*. La palabra *vergonzoso* significa "que causa vergüenza" o "que se avergüenza". En cambio, *vergonzante* significa "que siente vergüenza", y sólo es aplicable a personas. Por ello, cuando la prensa habla hoy de supuestos *hechos vergonzantes* lo que hace es cometer un *vergonzoso* error.

VERSÁTIL

El inglés y el español coinciden en una de las acepciones del adjetivo inglés *versatile* frente al español *versátil*: la de una persona voluble e inconstante. En realidad, esa acepción está casi olvidada en inglés, mientras que en español se conserva como la principal, además de significar "susceptible de volverse, de darse vuelta". El inglés tiene otra acepción de uso preferencial, que no recogía el español, pero que anda ya de boca en boca entre el público hispano: la de una persona, instrumento o máquina capaz de hacer competentemente muchas cosas distintas; lo que antes se llamaba (de una persona) *polifacético*, o (de una máquina) *de usos múltiples*.

"VUELOS DOMÉSTICOS" / VUELOS NACIONALES

¿Prefiere usted los vuelos internacionales o los vuelos domésticos? Esperamos que estos últimos no sean los de su predilección, ya que de ser posibles serían en extremo peligrosos. En español, *doméstico* se usa sola y exclusivamente para referirse a todo aquello relacionado con la casa o el hogar. Hay servicio doméstico, economía doméstica, e incluso animales domésticos, pero, por supuesto, a no ser que se trate de aviones de papel, no puede haber vuelos domésticos, es decir, dentro de su vivienda. Los que tomamos para viajar dentro de un mismo país se llaman en español *vuelos nacionales.*

ZAPPING / ZAPEO

Enrique se la pasa dale que dale con el control remoto del televisor, cambiando de canales sin parar. Y cuando su padre —un poco fastidiado— le pregunta qué hace, Enrique le responde "¡Zapping!" El padre, claro está, se quedó a dos velas. ¿No habrá algún término en español para designar ese teletic nervioso? El *DPD* nos dice que se ha propuesto el término *zapeo* en sustitución de la voz inglesa *zapping* para designar la "acción de cambiar reiteradamente el canal de televisión por medio del mando a distancia".

"Las cosas claras y el chocolate espeso"

A BORDO DE

En las noticias de prensa no es raro leer oraciones como la siguiente: "Los ladrones huyeron *a bordo de* un automóvil negro". Es evidente que el autor de esta oración quería darle a su noticia un airecillo de sofisticación. En cualquier caso, hubiera podido expresar lo mismo con más llaneza. Veamos: la expresión *a bordo de* significa estar en una nave o embarcación de cualquier tipo. Aunque su uso a veces se extiende a otros medios de transporte, como el avión o el tren, aún es dudoso en el caso de los automóviles. Lo más correcto y sencillo hubiera sido escribir: "Los ladrones huyeron *en* automóvil".

A PUNTA DE PISTOLA

En una nota de prensa recientemente aparecía la siguiente oración: "El ladrón, *a punta de pistola*, asaltó a una pareja de ancianos". Este tipo de error está por desgracia difundiéndose rápidamente. Quienes lo cometen no reparan en cl hecho de que, como bien sabido es, una pistola no tiene punta aguda o afilada como la tiene, por ejemplo, una navaja o un puñal. Hubiera sido mucho más atinado decir que "el ladrón, *pistola en mano,* asaltó a una pareja de ancianos". También se podría haber dicho: "el ladrón asaltó con pistola, a bocajarro, a una pareja de ancianos".

CASA PROPIA / PROPIA CASA

Leemos en la prensa que uno puede ser dueño de *su propia casa*. Bueno, nos parece que si es *su propia casa* lo más probable es que sea ya dueño de ella. Otra cosa, muy distinta, es que uno viva *en casa propia*. O tal vez tenga *casa propia* aunque no viva en ella. En resumidas cuentas, importa distinguir entre *propia casa* y *casa propia*. Esta última es la que uno ha comprado y en la que, por lo general, tiene su residencia. La otra, *su propia casa*, es simplemente la casa donde usted vive, que puede o no ser de su propiedad.

ESTADOS UNIDOS / LOS ESTADOS UNIDOS

¿Estados Unidos o los Estados Unidos? ¡Ambas formas son correctas! Ahora bien, si utiliza la primera —sin el artículo—, no olvide que es singular, y por lo tanto la concordancia entre el artículo y el verbo ha de hacerse en singular: "*Estados Unidos* es un país multicultural". Mientras que si antepone el artículo habrá que decir: "*Los Estados Unidos* son un país multicultural".

ESTE LUNES / HOY LUNES

Cuando nos hablan de *este lunes*, ¿se refieren al próximo lunes o al pasado? Y si estamos a lunes, ¿será ese mismo día? Pregunta: ¿cuál es la razón de tanta ambigüedad con *este*? En inglés, *this Monday*, *this Tuesday* se refieren sólo al futuro próximo. En español, tenemos un recurso muy sencillo, que en inglés no existe, pero que lo aclara todo perfectamente: *hoy* lunes, *mañana* martes, *ayer* domingo, *anteayer* sábado.

IDIOMAS DISTINTOS

"Yo quiero ser como Isabel, que sabe seis *idiomas distintos*". El hablante, sin reparar en ello, ha caído en una redundancia, pues es obvio que cada idioma es distinto de los demás y por ello no es en absoluto necesario repetirlo. Bastaría haber dicho que Isabel *sabe seis idiomas*, y punto. Caería en el mismo error quien dijera que quiere comprar una corbata de cinco *colores distintos*, pues de sobra se sabe que cada color es diferente.

A pesar de que en el idioma es necesario saber marcar diferencias, conviene saber también cuándo no es necesario hacerlo.

"JUGAR UN PAPEL" / DESEMPEÑAR UN PAPEL

"Usted, como madre, *juega un papel* de primerísima importancia en la vida de sus hijos". ¿Qué le parece esa oración? ¿*Jugar un papel*? La frase, calco del inglés *to play a role*, ha venido a suplantar indebidamente expresiones más correctas en nuestro idioma como *desempeñar* o *representar un papel*. Aunque el *DPD* lo acepta, por ser un uso muy extendido, recomienda de todos modos utilizar los verbos *hacer, desempeñar* o *representar,* verbos tradicionales en español.

LAS DOCE

Si medianoche equivale a las *doce de la noche*, ¿entonces qué se aclara al decir las doce de la medianoche? Es redundante decirlo así. Lo mismo sucede con la frase las *doce del mediodía*. Lo correcto es decir *doce de la noche* y *doce del día* o *doce meridiano*. Las voces *mediodía* y *medianoche*, por cierto, se emplean más para indicar aproximaciones que por precisión relojera. Ejemplos: "José prometió llegar *al mediodía* y se apareció *a medianoche*"; "El sol *del mediodía* rajaba las piedras".

LEÍSMO

Hay zonas de España donde se da el leísmo, consistente en usar *le* allí donde lo normal sería *lo* y *la*; por ejemplo, al decir *le vi* en vez de *lo vi / la vi*. Si bien podemos considerarlo más o menos "inevitable" en el habla coloquial, porque así corresponde al dialecto popular de esas zonas, resulta inadmisible en el español de Hispanoamérica. Por eso, cuando vemos una película doblada en la que ponen en boca del superhéroe de turno la frase *le maté,* uno espera que nos diga qué es lo que mató. ¿Tal vez las ganas? Debería haber dicho *lo maté,* pero suele disparar mejor de lo que habla.

MEDIO ORIENTE

¿Cuál de los dos nombres a continuación le parece mejor: *Medio Oriente* u *Oriente Medio*? No nos sorprendería que eligiera el primero, pues es el que emplean con más frecuencia los medios de comunicación. No obstante, *Medio Oriente* es un calco de *Middle East* del inglés, es decir, en este caso una imitación del orden de las palabras que rigen el sistema lingüístico de la lengua inglesa. En español, los adjetivos, por lo regular, aunque no siempre, van después de los sustantivos y no antes como sucede en inglés. En español, *Oriente* es el sustantivo, y *Medio* el adjetivo; por tanto, lo más lógico y recomendable es decir *Oriente Medio*. Además, *Medio Oriente* puede interpretarse como la mitad del *Oriente*.

PARQUEAR, APARCAR, ESTACIONAR/SE

Aunque es ya un anglicismo adaptado, en España algunas personas (al menos las que no ven telenovelas hispanoamericanas) se escandalizan cuando oyen palabras como *parquear* y *parking*, aunque este último es también común en España. Ambos términos provienen del inglés *parking*, *to park*. La solución española no parece demasiado atinada, pues allí hablan de *aparcar*. Tal vez sería mejor que aquende y allende los mares dijéramos *estacionar*, *estacionarse* y *estacionamiento*.

SER Y ESTAR

En español, la diferencia esencial entre las formas verbales *ser* y *estar* es que el verbo *ser* tiene un sentido de permanencia, mientras que *estar*, además de indicar transitoriedad, denota ubicación. Por ejemplo, no es lo mismo *ser* gordo (siempre) que *estar* gordo (temporalmente). Le dejamos con una pregunta: ¿Cómo cree usted que, en español, el famoso personaje Hamlet, de Shakespeare, comenzaría su conocido soliloquio, *to be or not to be*?

SUBIR PARA ARRIBA / BAJAR PARA ABAJO

"Los precios de la gasolina siempre *suben para arriba*". A esta oración parece sobrarle algo. El verbo *subir* quiere decir *ascender*, es decir, ir a una posición superior o más alta. De manera que en la frase *subir para arriba* sobra ese *para arriba*. Lo mismo ocurre en la expresión *bajar para abajo,* en donde el verbo *bajar* ya expresa muy claramente la idea de *ir hacia abajo*. En ambos casos tenemos redundancias, es decir, repeticiones innecesarias de ideas o significados.

TEST / EXAMEN, PRUEBA

"Los alumnos presentaron un *test* el lunes", dice la profesora. "Ayer fui al hospital para hacerme un *test* del corazón", dice la vecina. La palabra es inglesa, y significa *examen* o *prueba*, sea en el ámbito académico o en el médico. Si se fija, *test* está ya incorporada en el *DRAE*. Pero habiendo equivalentes archiconocidos en español, ¿no le parece mejor usar *examen* o *prueba*?

*“A nadie le viene mal
aprender a conjugar
verbos como el verbo amar”*

ABDUCIR

¿Quién le dijo que los académicos no estamos a tono con las novedades? Pues si a usted le llaman la atención los platillos voladores y los hipotéticos seres de otros planetas, sepa que el *DPD* incorpora el término *abducir*, que define así: "Dicho de un extraterrestre, secuestrar a alguien". Entonces también puede hablarse con propiedad de "un caso de abducción extraterrestre", crea usted o no en los marcianos.

ABOLIR

Un verbo defectivo es aquel que no se usa en todos los modos, tiempos o personas. Hasta no hace mucho *abolir* era uno de esos verbos. ¿Cómo se conjuga en el presente? ¿Acaso decimos *yo abuelo*? Pues a menos que tenga nietos, le conviene saber que en presente se dice ahora *yo abolo*: "Yo *abolo* la pena de muerte", como, por ejemplo, diría un juez o una jueza del Tribunal Supremo.

ANDUVE

Dos de los verbos más comunes, *andar* y *estar*, presentan irregularidades en su conjugación y por eso tenemos que estar muy atentos cuando los usamos en el pretérito: yo puedo decir que "hoy ando bien pero ayer *anduve* mal", o que "hoy estoy sano pero ayer *estuve* enfermo". Evite las incorrecciones, sobre todo una muy frecuente en el uso del primero de esos verbos: no se dice *andé* sino *anduve*.

ANGELINO, GENTILICIO DE LOS ÁNGELES

Los aficionados al baloncesto, e incluso aquellos que no lo son tanto, se refieren a los Lakers como el equipo *angelino* que alberga grandes estrellas de la Liga Nacional de Baloncesto de Estados Unidos. Pero muchas veces surgen dudas en cuanto al gentilicio apropiado de esta ciudad californiana: ¿se trata de *angelino* o *angeleno*? El Diccionario define el gentilicio *angelino* como la forma correcta para denominar a los habitantes de Los Ángeles, California.

AZAFATA / AZAFATO

Cuando uno sube al avión y recibe el saludo de una gentil señorita de uniforme, sabe que se trata de la *azafata*, es decir, de la persona que atiende a los pasajeros. ¿Pero cómo denominar a ese señor, compañero de la señorita y también uniformado, que cumple las mismas funciones? El *DPD*, que se encarga precisamente de resolver ese y muchos otros interrogantes, nos responde, aunque ni a usted ni a nosotros nos suene muy bien: *azafato* o también *aeromozo*.

CABER

¡Qué duda cabe de que el verbo *caber* ofrece ciertas dificultades en su conjugación! Como presenta varias irregularidades, tenemos que estar muy atentos para usarlo bien. ¿Cómo se conjuga el presente de *caber*?: *Yo quepo*, *tú cabes*, *él cabe*, *nosotros cabemos, vosotros cabéis, ellos caben.* ¿Y el pretérito?: *Yo cupe, tú cupiste, él cupo, nosotros cupimos, vosotros cupisteis, ellos cupieron.* ¿A que ahora no le cabe la menor duda?

CONGRESUAL

Nos hablan de la *comisión congresional* y de las actividades *congresionales.* La lógica nos diría que si existiera el adjetivo *congresional*, tendría que haberse formado a partir del sustantivo "congresión", ¿no? Pero usted ya se habrá dado cuenta de que esa mítica criatura no existe, así que, ¿qué hacer? Vamos al punto de partida: *congreso.* Y como en los casos de *censo, censual*, de *caso, casual* y de *sexo, sexual*, concluimos, por analogía, que el sistema establecido en español nos indica que, de *congreso, congresual.*

CUALESQUIERA

"*Cualquier* día de éstos...", "*Cualquiera sabe...*" Usted conoce bien este pronombre y adjetivo indeterminado y seguramente sabe cómo y cuándo usarlo. ¿Pero qué pasa con el plural? ¿Acaso está bien decir: "*Cualquiera* que sean los motivos, no tienes perdón"? No, porque la palabra se formó con la unión del relativo *cual* y el elemento *quiera.* Y como el plural de *cual* es *cuales*, debe decirse "*Cualesquiera* que sean los motivos, no tienes perdón".

DIABETES

Muchas de las palabras técnicas que utilizan los médicos en su lenguaje especializado incorporan el sufijo de origen griego *-itis*, que significa inflamación: hepatitis, meningitis, colitis, bronquitis, gastritis y otras. Tal vez por eso o por influencia del inglés *diabetes* sea tan frecuente su pronunciación incorrecta: *diabetis* o *diabitis*. El nombre correcto de la enfermedad del exceso de azúcar en la sangre es en español *diabetes*, de origen griego también, pero que nada tiene que ver con una inflamación.

EL AGUA / LAS AGUAS

El agua es esencial para la vida. *El agua* —dirá usted— seguramente es un término masculino porque va precedido del artículo *el* en masculino. ¿No es así? Pues fíjese que no: *agua* es un nombre femenino, y lleva el artículo *el* porque empieza con *a* inicial acentuada, en este caso sin tilde. También *alma* es femenino, pero se dice *el alma* por el mismo motivo. En plural se entiende más fácilmente porque se dice *las aguas* y *las almas*.

"EL INTERNET" / LA INTERNET

Parece una discusión interminable en la que la gente no termina de ponerse de acuerdo. ¿Cómo se dice: *el Internet* o *la*

Internet? Nada mejor que acudir al *DPD*, que para eso está. ¿Qué nos dice? Que "es preferible usar la forma femenina, es decir, *la Internet*". ¿Por qué? "Por ser femenino el nombre genérico *Red,* equivalente español del inglés *Net*". Y no olvide que *Internet* debe escribirse con I mayúscula.

ELEGIDO / ELECTO

El año pasado hubo varias elecciones en Hispanoamérica, y probablemente habrá oído más de una vez "El presidente fue *elegido*" y "El presidente fue *electo*". Quizás se haya preguntado ¿cuál es la forma correcta? Cuando un verbo admite dos formas de participio pasado, una irregular *(electo)* y otra regular *(elegido)*, la irregular se utiliza como adjetivo y la regular para las formas verbales. Por lo tanto, se debe decir: "El presidente fue *elegido*". Y recuerde: "El presidente electo fue *elegido*", "El agua bendita fue *bendecida*".

"ERRO" / YERRO

"Errar es humano y perdonar es divino", dice un refrán. Pero ese primer verbo, que significa "no acertar", a veces nos lleva a errar. ¿Cómo se conjuga? En el pasado y en el futuro no presenta problemas ya que decimos *erré* o *errarás*. ¿Y en el presente? Pues es aquí donde presenta una irregularidad, ya que se conjuga *yerro, yerras, yerra, erramos, erráis, yerran*.

GÉNERO EPICENO

La mayoría de los seres animados tiene un nombre para el masculino y otro para el femenino, como hombre y mujer, gato y gata. Pero hay muchos seres de uno y otro sexo que no llevan más que un nombre. Algunos son muy comunes, como *bebé*. Se dice tanto "el bebé" como "la bebé". Es larga la lista de los términos con una sola denominación para lo masculino y lo femenino: *pantera, estudiante, víctima, gorila, águila, cría*. Los gramáticos lo llaman "género epiceno", procedente de una palabra griega que significa *común*.

GÉNERO / VARIACIÓN DE SIGNIFICADO

Determinadas palabras en nuestro idioma tienen género, que puede ser masculino, femenino o neutro, aunque no se refieran necesariamente a hombre, mujer o cosa. Una silla es de género femenino aunque no tenga nada que ver con la mujer, y un sillón es de género masculino. Y hay palabras que varían de significado al cambiar de género: *el manzano* —masculino— es un árbol y *la manzana*—femenina– es su fruto. Lo mismo ocurre con *la radio* o *el radio*, *el coma* o *la coma*, *el corte* y *la corte*.

HAIGA / HAYA

En el campo y en la calle, en muchos países, se oye la palabra *haiga* en vez del presente de subjuntivo *haya*: "Es posible que *haiga* mucha gente en la fiesta". Esta forma proviene de confundir el subjuntivo correcto —*haya*— con el subjuntivo mucho más familiar del verbo *hacer*, o sea, *haga*.

NOMBRES EN PLURAL PARA OBJETOS EN SINGULAR

Todos los sustantivos tienen singular y plural. Se dice *un libro* o *varios libros*. Pero hay algunos nombres en plural que designan objetos en singular. Por ejemplo, ¿no son muchos los que dicen *los pantalones*, pese a que la prenda es una sola? Hay otros casos similares como *anteojos, tijeras, pinzas, alicates,* que aunque también se pueden usar en singular, se usan en plural porque designan objetos compuestos de dos partes.

PLURAL

En gramática española, la terminación de las palabras indica si se trata de una sola persona o cosa, o más de una: *casa* es singular y *casas* es plural. La *-s* es la terminación más característica para el plural, aunque no la única. Pero en nuestro idioma hay varios términos que terminan con *-s* y no varían en singular ni en plural, como *tesis*. Se dice *una tesis* o *varias tesis*. Lo mismo ocurre con *dosis, crisis, análisis, déficit, diócesis,* y los días de la semana, de lunes a viernes.

PLURALES SIN SINGULAR

Hay algunas palabras que presentan una particularidad muy curiosa, que es la de tener plural, pero no singular. Por ejemplo, ¿cómo se llaman las provisiones de un ejército o los comestibles necesarios para el sustento? Pues se denominan *víveres*. Y ese sustantivo no tiene singular. Lo mismo ocurre con las palabras *caries (dentaria), guardabarros, entendederas, nupcias.*

POSICIÓN DE LOS ADJETIVOS CON DISTINTO SENTIDO

Usted sabe que el adjetivo calificativo cobra mayor fuerza cuando se coloca antes del sustantivo. En *un hermoso jardín*, el adjetivo es más enfático que en *un jardín hermoso*. Pero hay casos en que el lugar del adjetivo establece una diferencia de sentido. Si digo *un hombre pobre* me refiero a que carece de medios, pero si digo *un pobre hombre* quiero decir que es un desgraciado, un desafortunado o un insignificante. Fíjese en la diferencia entre *gran hombre* y *hombre grande*. Ahora bien, en algunos casos el mismo término puede tener un doble significado, como por

ejemplo en "Abraham Lincoln fue un hombre *grande*" (puedo estar refiriéndome tanto a su tamaño físico como a su grandeza espiritual).

PRESENTE DE VERBOS TERMINADOS EN *–ECER* Y *–DUCIR*

Los verbos que terminan en *-ecer* presentan una irregularidad en la conjugación de la primera persona singular del presente, pero no en las demás personas. ¿Cómo se conjuga *agradecer*?: Yo *agradezco*, pero tú *agradeces*, él *agradece*... ¿Y *padecer*?: Yo *padezco*. ¿Y *aborrecer*?: Yo *aborrezco*. Algo parecido ocurre con los verbos terminados en *–ducir*. Por eso, *conducir* se conjuga yo *conduzco*; *deducir*, yo *deduzco*.

PRESIDENTE / PRESIDENTA

Los votantes chilenos eligieron a una mujer para que dirigiera el destino de su país. ¿Habrá que llamarla *la presidente*, como hacen muchos? Pues desde hace tiempo se acepta el femenino para ese nombre, de modo que puede decirse ya *la presidenta*. También están aceptados otros femeninos que antes no existían como *la jueza, la médica*.

PRETÉRITO DE VERBOS EN –DUCIR

A veces se oyen frases como "El año pasado los Emiratos Árabes Unidos *producier*on mucho petróleo" o "En las Naciones

Unidas se *traducieron* todos los discursos" o "Los países del Cono Sur *reducieron* su presupuesto". Es comprensible que incurramos en esos errores, porque es fácil dejarse llevar por las formas análogas regulares de los verbos. Baste recordar que la terminación *-ducir* es muy frecuente en español y, por analogía, si el pasado de *producir* es *produje* y *produjeron*, lo mismo será el de *traducir*: *traduje* y *tradujeron*.

SATISFACER

Después de una opípara comida, su anfitrión le pregunta: "¿Está usted satisfecho?" En este caso, el participio del verbo *satisfacer*, *satisfecho*, es correcta, pero no lo es tanto cuando algunas personas usan el verbo *satisfacer* en otros tiempos verbales. Hagamos un repaso: en el presente: *satisfago*; en el pasado, *satisfice* (y no *satisfací)* y en el futuro, *satisfaré*. Al fin y al cabo, *satisfacer* es un compuesto de *satis-* y de *facer,* que es lo mismo que hacer. Todo cambia en esta vida, y los verbos también. ¿Satisfizo usted su curiosidad? Pues nos alegramos de que la haya satisfecho.

SOLDADO / SOLDADA

Si en el Ejército hay varones y mujeres combatientes, y si los primeros son *soldados*, ¿cómo les diremos a las mujeres, *soldadas*? Aunque nuestro sentido común nos sugiera el femenino *soldada*, el término todavía suena forzado, y además en este caso no está reconocido. Recomendamos que la palabra se mantenga invariable. Por lo tanto y por ahora, es mejor que sigamos diciendo *el soldado* y *la soldado*.

SOLER

"Laura *suele* visitar a sus padres los domingos". "Su hijo Orlando *solía* jugar al fútbol de niño". El verbo *soler*, por denotar una acción habitual, es decir, algo que se repite, no se usa en todos los tiempos de la conjugación verbal. *Soler* se usa solamente en los tiempos presente y pasado, y por lo tanto es un verbo que no tiene futuro.

SUPERLATIVOS

¿Le gustaría tener salud, dinero y amor, como dice el refrán? Pues usted dirá que eso sería bueno; más que bueno, estupendo. ¿¡Quién no!? Pues nuestro idioma tiene algunos adjetivos que admiten no sólo un grado comparativo sino también superlativo, que lleva la calificación a su máxima expresión, como en *bueno, mejor* y *óptimo*; o en *malo, peor* y *pésimo*.

VERBO IRREGULAR

Verbo irregular es el que se conjuga alterando o combinando la raíz, el tema o las terminaciones de la conjugación regular, como por ejemplo el muy utilizado verbo *ser*. ¡Y vaya si es irregular! Fíjese que en presente se conjuga *soy, eres, es...*; en imperfecto *era, eras, era*; en pretérito *fui, fuiste, fue*; y en futuro *seré, serás, será*. ¡Qué diferencia con verbos regulares como *habl-ar* que conservan la misma raíz en todos los tiempos!

VINISTE(S)

¿Cómo se dice ? "¿Qué bueno que vinistes" (con *-s* al final) o "Qué bueno que viniste" (sin *-s* al final)? La duda es razonable, puesto que en la segunda persona del singular (tú) los verbos en español terminan casi siempre en *-s* en todos los tiempos verbales: vienes, venías, vendrás, vendrías, vinieses. Quitemos la *-s* final para poder decir: "Llegaste, me saludaste, me trajiste un regalo, me hablaste, me alegraste la tarde y luego te fuiste y me dejaste solo, pero... ¡qué bueno que *viniste*!"

¡Aplique bien las reglas de la gramática!

(Esa señora tan antipática)

ADELANTE Y DELANTE

Las palabras *adelante* y *delante* son hermanas, pero no mellizas; es decir, que aunque se parezcan, no significan exactamente lo mismo. *Adelante*, por esa A que lleva al principio, supone un movimiento real o figurado, como en: "¡*Adelante* los valientes!" En cambio, *delante* indica una mera situación, como "estar *delante*". Para recordarlo, piense que *adelante* sugiere un movimiento y *delante* una posición.

ANDAR A / ANDAR EN

En las frases *andar a pie* y *andar en coche* el verbo *andar* aparece construido con dos preposiciones distintas, *a* y *en*. ¿Por qué? En ambas oraciones la preposición introduce un complemento verbal que señala el medio empleado para moverse. En la primera es, normalmente, caminando con los propios pies. En la segunda, se mueve *dentro de*, *sobre*, o por medio de un instrumento mecánico de locomoción, que también podría ser una bicicleta, o un barco, o un avión. Ejemplo: "*Anda por* la calle en bicicleta".

ANTES, DURANTE Y DESPUÉS

En inglés, la expresión "The events *before, during* and *after* the inauguration of the new Mayor" es corriente; pero en español no se puede decir, gramaticalmente: "Los sucesos que se produjeron *antes, durante y después* de la toma de posesión del nuevo alcalde", porque *antes* y *después* necesitan ir seguidos de la preposición *de,* mientras que *durante* no la necesita. Podríamos decir "tanto antes y después de (un acontecimiento) como durante el mismo". Pero una manera más elegante de salir del paso es recurrir a algo como: "Los sucesos que precedieron, acompañaron y siguieron a la toma de posesión del nuevo alcalde".

BRINDARA

El locutor evoca a un famoso deportista diciendo: "el deportista que tantas emociones nos *brindara...*" Pues aunque no suena mal, no es totalmente correcto. ¿Por qué? Porque *brindara* está en subjuntivo, modo verbal que denota duda, posibilidad, incertidumbre. Y si no hay duda sobre las hazañas deportivas del personaje en cuestión, entonces corresponde usar el modo indicativo: "el deportista que tantas emociones nos *brindó*".

CESAR / URGIR

¿A qué se llama complemento directo? Si digo: "Te doy un regalo", *un regalo* es el complemento directo porque en él recae la acción del verbo. Ahora bien, los verbos intransitivos no pueden llevar complemento directo, y por eso es incorrecto decir que la empresa *cesó* al empleado Juan, porque *cesar* es intransitivo. Tampoco se debe decir que el gobierno *urgió* al pueblo a hacer tal o cual cosa, porque *urgir* también es intransitivo.

DEBER / DEBER DE

¿Cómo se dice, *debes hacer* tus tareas o *debes de hacer* tus tareas? Muchas veces nos asaltan las dudas sobre el uso correcto de este verbo. Pues he aquí la regla de oro: si exigimos el cumplimiento de una obligación diremos: "*Debes hacer* tus tareas". Cuando queremos expresar inseguridad, incertidumbre o probabilidad, podemos interponer la preposición *de*: "*Deben de* haber más de cien personas en la fiesta" o "*Deben de* ser las ocho".

DEBERÍAS, DEBIERAS O DEBÍAS

¿Cuándo se puede decir: "*Deberías, debieras* o *debías* tener más cuidado? Según los gramáticos, con verbos como *poder, deber, saber, querer* —denominados modales— el condicional *debería* puede cambiarse por el imperfecto de subjuntivo con la terminación *-ra*, *debieras*, e incluso por el imperfecto de indicativo, *debías*. Por lo tanto, son igualmente aceptables "*deberías, debieras* o *debías* tener más cuidado".

DEQUEÍSMO

"Mi hermana me dijo *de que* no iba a ir al baile". "El alcalde *cree de que* lo van a reelegir". Seguramente esos *de ques* le suenan mal, ¿no es así? En efecto, están mal. Lo correcto es: "Mi hermana me dijo *que* no iba a ir al baile" y "El alcalde *cree que* lo van a reelegir". Es un vicio del lenguaje que se conoce como *dequeísmo*. Así nos lo explica el *DRAE*: El dequeísmo es el "empleo indebido de *de que* cuando el régimen verbal no lo admite".

DETRÁS MÍO

Los niños van a formar fila y uno le dice a otro: "Ponte detrás mío". ¿Es correcto? No lo es, porque en este caso no se debe usar *mío,* la forma posesiva del pronombre, sino la preposición *de* más el pronombre *mí* con acento. Lo correcto es "Ponte *detrás de mí*". Tampoco es correcto "*detrás suyo*" sino "*detrás de usted*" o "*de él*", ni tampoco es correcto "*encima tuya*" sino que debe decirse "*encima de ti*".

"DIJO QUE VENGA" / DIJO QUE VINIERA

"Dijo que venga", "Quiso que haga". ¿Qué le parecen esas breves oraciones? En los dos casos tenemos una oración principal, el verbo, en indicativo pasado, y una oración subordinada; el resto, en presente de subjuntivo. ¿Por qué no usar el mismo tiempo, el pasado, en los dos casos? Entonces corresponde decir: "Dijo que viniera" y "Quiso que hiciera".

ENTRENAR / ENTRENARSE

Un locutor deportivo dice que el director técnico *entrena* al equipo. Y a continuación agrega que uno de los jugadores *entrena* en el club. Pues podríamos decirle a ese locutor que acertó en una y se equivocó en la otra. Porque está bien que el entrenador entrene al equipo. Pero está mal decir que el jugador *entrena* en el club, porque si no dirige a otros sino a sí mismo, es mejor decir: *se entrena*.

GENTE

En la oración: "*La gente* llegó temprano", *la gente*, desde el punto de vista gramatical, es singular, pero la visión del hablante es de varias personas. Entre la armonía lingüística y el mundo real, el español prefiere seguir la realidad física y no la gramática fría. Los colectivos como *gente, grupo, mayoría* insisten en poner el verbo en singular sólo cuando éste sigue inmediatamente: no diríamos "*La gente entraron*". Pero si hay distancia entre el colectivo (en singular) y lo que sigue, se permite el verbo en plural. Es, pues, correctísimo: "*La mayoría* votó por Allende, en gran parte porque no *querían* la dictadura".

GRADUARSE DE / GRADUARSE EN

¿Se graduó? ¡Felicitaciones! Un título escolar, colegial o universitario siempre es motivo de celebración. ¿Y en *qué* se graduó? ¿*De qué* se graduó? A veces nos causa alguna vacilación la palabrita que empleamos después del verbo *graduarse*. Si nos referimos a la materia estudiada, usamos *en*, como cuando decimos "*Se graduó en medicina*". Pero si nos referimos a la profesión a que nos habilita el título usamos *de*, como "*Se graduó de médico*". Ambas, *de* y *en,* son preposiciones, pero cada cosa en su lugar. En español se usa también el verbo *recibir*: "José Luis *se recibió* en matemáticas".

HABRÍA

"El alcalde *habría* decidido aumentar el presupuesto para la educación", dice el locutor, dando a entender esa posibilidad. Pero *habría* es condicional, tiempo verbal que expresa acción futura en relación con un pasado del que se habla, como por ejemplo: "Prometió que *escribiría*". Por eso está mal, en el ejemplo del alcalde, lo que se conoce como "condicional de rumor". El locutor tendría que haber dicho: "*Se cree que* el alcalde *aumentará* el presupuesto para la educación".

HACIA

La preposición *hacia* funciona como enlace entre distintas unidades gramaticales en una oración. Pero por influencia e interferencia del inglés *toward* se ha abusado mucho de su uso. Si decimos que "la señora Gutiérrez se dirige *hacia* su casa", es correcto porque *hacia* indica movimiento. Pero si alguien dice que "La actitud del presidente *hacia* los sindicatos es respetuosa", no estamos hablando de ningún tipo de movimiento, sino de la actitud o postura de uno ante otros. En este caso, lo correcto sería emplear *ante, para con*, *respecto a* o simplemente *con*.

HASTA / NO HASTA

En la reunión del mediodía, alguien quería saber qué horario tenía la farmacia de turno, y un vecino le dijo "Se abre *hasta* las tres". Las opiniones se dividieron y con razón: el primero pensó que la farmacia estaba abierta y cerraba a las tres, cuando el segundo quiso decir que no abría hasta las tres. En algunas zonas de América se suprime la negación *no* delante del verbo en oraciones con la palabra *hasta*, con lo cual el enunciado puede interpretarse en sentidos opuestos. Para evitar malentendidos, aconsejamos acomodar el uso de *hasta* según el español general. Por eso, si la farmacia no abre antes de las tres, conviene decir que "*No se abre hasta las tres*".

HUBIERON

"¿Cómo estuvieron las fiestas patronales?", le preguntó Jaime a su vecino Carlos. "¡Chévere!", le respondió éste. "Y en efecto *hubieron* fiestas muy sonadas". Claro, como la palabra *fiestas* está en plural, Carlos creyó que también tenía que usar el verbo *haber* en plural. Pero, amistad aparte, se equivocó. Cuando el verbo haber es impersonal, como en este caso, es invariable, y por lo tanto debió decir: "*Hubo fiestas*" y no "*Hubieron fiestas*". Y ahora, ¡a divertirse!

LA PREPOSICIÓN *DE*

Un error frecuente es el abuso de la preposición *de*, que si bien se usa correctamente en la mayoría de los casos, muchas veces usurpa el lugar que les corresponde a otras preposiciones. Por ejemplo, hay quien diría que *de* casualidad vio a un viejo amigo por ahí, y que, después de charlar unos minutos, quedaron *de verse* el jueves en un café para hablar de los tiempos pasados Lo más correcto sería que aquél dijera que vio a su amigo *por* casualidad, y que luego quedaron *en* verse en un café.

LE, SE

Llamamos a la puerta y nuestro atento anfitrión nos recibe diciéndonos: "Pásen*le* por aquí señores. Cuidado, no *se* tropiecen, hay un desnivel en el piso". Lo que estorba, en verdad, no es el desnivel del piso sino un par de pronombres que le sobran a nuestro incauto anfitrión. Veamos, en la primera oración sería más correcto que nos dijera: "*Pasen* por aquí" y no "*Pásenle* por aquí", sin el *le*. De la misma manera, a la frase "no *se* tropiecen" le sobra ese *se*, pues es mucho mejor decir "no tropiecen".

MÁS MEJOR

Mayor, menor, mejor, peor, inferior, superior. Son adjetivos comparativos, lo que quiere decir que establecen una comparación entre diferentes estados o magnitudes. *Mayor*, como usted bien sabe, significa *más grande* o *más viejo*. Y como todos esos términos son de por sí comparativos, no necesitan las palabras que sirven para establecer la comparación. Por eso no es correcto decir *más mejor* o *más peor*. Con decir *mejor* o *peor*, basta y sobra.

MEDIO/A

Cuando una mamá dice, al regresar de compras: "Volví *medio* muerta", no crea que ha cometido un error en la concordancia de las palabras. No, la madre no se equivocó al decir *medio* y no *media*. ¿Por qué? En este caso, *medio* no es adjetivo sino adverbio, que describe el adjetivo que le sigue. Pero si dijera, en cambio: "Las chicas de hoy salen a la calle casi *medias* desnudas", sí cometería un error gramatical censurable. Hay que decir *medio* desnudas. Los adverbios, al contrario de los adjetivos, no cambian.

MUCHO / MUCHOS

El adverbio es una parte invariable de la oración que modifica a un verbo, como por ejemplo "anda despacio"; a un adjetivo, "muy hermosa", o a otro adverbio, "muy mal". Ahora bien, la palabra *mucho* puede ser tanto adjetivo como adverbio. Y no olvide que, cuando es adverbio, no se modifica. Lo correcto es decir: "Ellos son *mucho* más fuertes" y no *muchos* más fuertes", porque en ese caso se trata de un adverbio y no de un adjetivo.

NO + SUSTANTIVO

Otra tendencia moderna en el habla y la escritura es la de utilizar palabras en español que comienzan con el adverbio *no* seguido de un adjetivo o un sustantivo, donde el inglés diría *non-*. Así oímos de cuando en cuando expresiones como la *no observación* (por la *inobservancia*); *la no apropiada decisión* (por *la inapropiada decisión*), el líquido *no combustible* (por el líquido *incombustible*), el agua *no potable* (en vez del agua *impotable*). Hay por lo menos una excepción, originada en el uso arraigado en casi todas las lenguas modernas, y sobre todo empleada en la diplomacia internacional: la *no intervención* (*non-intervention*).

POSESIVOS

Una mujer dice a su hijo: "Daniel, ponte *tu* abrigo". Y otra ordena a su hija: "Andrea, lávate *tus* manos". Y hasta hay quienes dicen: "Me duele *mi* cabeza". ¿Qué abrigo se va a poner Daniel? ¿el de su padre? ¿el de su hermana? Es obvio que el abrigo es suyo y no ajeno, así que con decir *ponte el abrigo* basta y sobra; y lo mismo con eso de *tus* manos, ¿qué manos se va a lavar? ¿las del vecino? En el caso del dolor de cabeza, el complemento indirecto *me* ya indica que se trata de la primera persona, así que la cabeza tiene que ser del que se queja y de nadie más: "Me duele la cabeza" y no "Me duele *mi* cabeza".

QUEJARSE CON

Supongamos que en el trabajo algún compañero o colega le está haciendo la vida imposible. Acaso, ¿estará usted pensando en quejarse de este colega abusivo *con* el jefe? No es imposible quejarse *con* el jefe en el sentido de que ambos, usted y el jefe se dispongan a quejarse en compañía o al mismo tiempo. Pero quizás lo que usted quiera es *quejarse a* su jefe, es decir, *presentar una queja* ante éste. El maltrato laboral es sin duda un asunto muy serio, pero lo es también, aunque de manera distinta, el maltrato de nuestro idioma. Ni usted ni nuestro idioma merecen malos tratos.

SE ALQUILA / SE ALQUILAN APARTAMENTOS

En la calle usted ve dos carteles: uno que dice: "*Se alquila* apartamentos" y otro que anuncia: "*Se alquilan* apartamentos". ¿Cuál es la forma correcta? En el primer caso, llamado de impersonal pasiva, prevalece la idea de que los apartamentos son alquilados; y en el segundo, denominado de impersonal activa, un sujeto indeterminado alquila apartamentos. Aunque las dos formas son correctas, recomendamos la segunda por ser el uso culto, literario y tradicional. Recuerde: "*Se alquilan* apartamentos".

SEGURO (DE) QUE

"*Estamos seguros que* Juan vendrá a la cena". Quizá haya notado aquí, al igual que nosotros, que el hablante se ha comido algo importantísimo que no tiene nada que ver con la cena. Se trata de la preposición *de*, que debe ir entre las palabras *seguro* y *que*. Lo correcto habría sido decir: "Estamos *seguros de que* Juan vendrá a la cena". Se trata de un problema bastante extendido. Solemos llamar a este tipo de vicio idiomático "queísmo", y consiste en la supresión indebida de la preposición *de* antes de *que*.

SEGUNDO MAYOR

Se nos dice (hasta la saciedad) que "EEUU se está convirtiendo en el *segundo mayor* país hispano en el mundo". Puro disparate. Preguntémonos si un señor que tiene tres hijos los presentaría así: este es el tercero mayor, este el segundo mayor, y este el primero mayor. No, ¿verdad? La presentación es así: este es el mayor, este es el segundo y este el tercero. Entonces, digámoslo así: "EEUU se está convirtiendo en *el segundo país* hispano del mundo". No "segundo mayor". En español, los grados de comparación no se dan con "segundo mayor", "tercero menor", sino del modo siguiente: "En población, tal país está *en segundo lugar* en tamaño; mientras que tal otro es *el tercero*".

SIENDO

"Los ladrones se dieron a la fuga, *siendo* apresados al día siguiente". ¿A usted le suena bien esta oración? Pues ocurre que *siendo* es gerundio, y los gerundios aluden a una situación temporal simultánea o anterior, y como la fuga fue posterior, aquí no corresponde esa forma verbal. Diga en cambio "Los ladrones se dieron a la fuga y *fueron apresados* al día siguiente".

VIAJANDO / NADANDO

"*Traveling* is interesting", "*Swimming* is healthy", son frases perfectamente correctas en inglés. Ahora bien, si las traducimos literalmente, estaremos usando un español anglicado: "*Nadando* es saludable" y "*Viajando* es interesante". En ambos casos, no corresponde traducirlos al gerundio en español. Lo correcto en español es usar el infinitivo o un sustantivo especial: "*La natación* es saludable" y "*Viajar* es interesante".

¡Escríbalo y pronúncielo bien!

Algunas aclaraciones ortográficas y fonéticas.

ACENTUACIÓN DE MONOSÍLABOS

Los monosílabos —palabras de una sola sílaba— suelen tener más de una función, y de eso depende que lleven o no acento escrito. *Él* lleva acento cuando es pronombre y no cuando es artículo: "*él* es escritor" lleva acento y "*el* libro", no. La preposición *de* no va acentuada, pero el imperativo del verbo *dar* sí lo está: "Este libro es *de* matemáticas" va sin acento, pero lo lleva cuando digo "Quiero que se lo *dé*". El adverbio *sí* tiene acento, pero el *si* condicional, no; en "Creo que *sí*" va acentuado, pero no cuando digo: "*Si* llueve no iremos al cine".

ACENTO EN LAS MAYÚSCULAS

¿Es necesario ponerles acento a las palabras escritas en mayúsculas? La Academia Española nunca dijo que debieran de escribirse sin acento, sabiendo que para las imprentas el uso de esos acentos gráficos, o tildes, encarecía la tipografía por exigir dos tipos de letra distintos, uno con acento y otro sin él. Con la llegada de las computadoras se resolvió el problema de costos, puesto que permiten poner acentos fácilmente, y ahora la Academia recomienda abiertamente el uso del acento gráfico en las letras mayúsculas.

ACENTUACIÓN DE ESDRÚJULAS Y SOBRESDRÚJULAS

En cuanto a la acentuación, no es posible equivocarse con las palabras esdrújulas o sobresdrújulas porque siempre llevan acento ortográfico. Las esdrújulas son las que se acentúan en la antepenúltima sílaba, o sea la tercera contando del final de la palabra hasta su principio, como en *préstamo*, *hipócrita, crédito, llegábamos.* Las sobresdrújulas son las que tienen el acento en una sílaba anterior a la antepenúltima, como en *tráemela, difícilmente, alcánzamelo, devuélvemelo.*

ACENTUACIÓN DE PALABRAS AGUDAS

Una de las particularidades que presenta el español en comparación con el inglés es que muchas palabras llevan acento escrito, o acento ortográfico, también llamado tilde. Pero las reglas de acentuación no son complicadas ni muchas. Una de ellas: se acentúan todas las palabras agudas—aquellas en que se pronuncia más fuerte la última sílaba— que terminan en *vocal o en las consonantes n* o *s* y que no van acompañadas por otra consonante, como *café, también, jamás.* Y no se acentúan las palabras agudas que no terminan en *vocal, n* o *s* y no van acompañadas de otra consonante: *virtud, nacional, feliz.*

ACENTUACIÓN DE PALABRAS LLANAS

Las palabras graves o llanas —aquellas en que se pronuncia más fuerte la penúltima sílaba— *no* se acentúan cuando terminan en *vocal o en las consonantes n y s* no acompañadas de otra consonante, como *medio, orden, risas.* En cambio se acentúan las que *no terminan en vocal o en n* o *s* solas, como *difícil, cárcel, automóvil.*

AÚN Y AUN

El adverbio *aun* nos plantea algunas dudas sobre si lleva acento escrito o no. ¿Cómo podemos estar seguros de escribirlo correctamente? Pues la regla es la siguiente: se escribe con acento cuando puede sustituirse por la palabra *todavía*: "*Aún* está enfermo". En los demás casos, con el significado de *hasta, también, inclusive* o *siquiera,* se escribe sin tilde, o sea sin acento gráfico: "Te prestaré diez dólares, o *aun* veinte, si te hacen falta". Y *aun cuando*, que equivale a la conjunción *aunque,* nunca lleva acento.

BIKINI / BIQUINI

"El *bikini* y el verano van de la mano". ¿Cómo se escribe en español el nombre de ese diminuto traje de baño de dos piezas? Los diccionarios recogen tanto *biquini* con *q* como *bikini* con *k*, aunque la versión con *k* se está imponiendo. Una búsqueda en Internet a mediados del 2008 mostraba 107 millones de veces *bikini* con *k* y apenas un millón y medio con *q*. ¿Y es masculino o femenino? Según el *DPD*, "es voz masculina en todo el ámbito hispánico salvo en Argentina, donde se usa en femenino".

CARACTERES / CARÁCTERES

El plural de *carácter*, ¿es *caracteres* o *carácteres*? La duda es razonable, pues la formación del plural suele ser sencilla en español. Casi todas las palabras españolas conservan el acento de intensidad en su sitio cuando pasan del singular al plural: de *perro, perros*; de *jarrón, jarrones*; de *volumen, volúmenes*; de *dátil, dátiles*; de *Bambú, Bambúes*. Bueno, "casi todas" y no "todas", porque hay unas pocas excepciones importantes a esta regla general. En algunas palabras el acento gráfico se desplaza de sílaba al formar el plural: de *espécimen, especímenes*; de *régimen, regímenes*; y de *carácter, caracteres*.

CÓNYU*GUES* / CÓNYU*GES*

"No cabe duda de que la comunicación entre *cónyugues* es indispensable para el buen funcionamiento de un matrimonio". ¿Lo diría usted así? Claro está que sería difícil estar en desacuerdo con esta opinión. El error no está en el significado de la oración, sino en cierto sonido. Veamos. A pesar de que mucha gente pronuncia cónyu*gue* con *g* de *gue*rra, lo correcto es vocalizar esta palabra con *g* de *gente*. Lo apropiado es escribir y pronunciar cónyu*ge*, como si la *g* fuera una *j*.

¿DIECISÉIS? O ¿DIEZ Y SEIS?

Un, dos, tres, y un pasito pa'lante, María... Parece que todo el mundo sabe contar en español, e incluso aquéllos que no saben de nuestra lengua más que el estribillo de los más famosos ritmos latinos, pueden recitar los números casi de carrerilla. Sin embargo, a la hora de escribirlos, parece existir una confusión general en cuanto a su ortografía. Por ejemplo, ¿cómo se escribe 16? Según el *DRAE* en vez de escribirlo con tres palabras —*diez y seis,* que se considera forma anticuada—, debe escribirse en una sola palabra y con acento: *dieciséis.* Es el mismo caso para diecisiete, dieciocho y diecinueve.

DOBLE ACENTUACIÓN

¿Cómo se escribe "*zodíaco*"? ¿Con o sin acento? Si cree que se escribe con acento, acertó. Y si cree que se escribe sin acento... ¡también acertó! porque en español hay varias palabras que admiten doble acentuación. Es el mismo caso de *policíaco* y *policiaco*, *período* y *periodo, afrodisíaco* y *afrodisiaco, paradisíaco* y *paradisiaco*. Un locutor deportivo argentino habla del *fútbol* y otro mexicano del *futbol*. ¿Cuál de los dos está en lo cierto? ¡Los dos! Porque es una palabra que admite doble acentuación y así aparece en el *DRAE.* ¿Otros términos de doble acentuación? *chófer* o *chofer, dinamo* o *dínamo, olimpiada* u *olimpíada, reuma* o *reúma.*

FOLCLOR / FOLKLORE

Atesoramos las manifestaciones folclóricas de nuestras culturas: el canto, las danzas, las comidas, la ropa y las costumbres. Pero a veces nos asalta la duda: ¿cómo escribir *folklore*? ¿Con *k* o con *c*? ¿Con la *e* final o sin ella? El *DRAE* reconoce solamente la palabra con la *c*, ya sea con o sin la *e* final. Por su parte, el *DPD* prefiere *folclore*, con *c* y con la *e*, aunque admite también *folclor,* sin la *e*, "más usada en América que en

España". Pero añade que "son también válidas las formas que conservan la *k* etimológica". Es decir, que podemos escribir esta palabra con *c* o con *k* y *e* al final.

G / GU / GÜ

"El *ga*to *go*loso caza con *gu*sto". En esta frase tenemos la combinación de la letra consonante *g* con las vocales *a, o* y *u*. Pero si queremos escribir una palabra que empieza con el sonido de la *g* dura, seguida del sonido de *e* o con el de *i*, debemos ponerles una *u* en medio, como en las palabras *guerra* y *guitarra*. Ahora bien, ¿es usted bilin*gue* o bilin*güe*? *Bilingüe*, naturalmente, porque en este caso, y en otros similares —pin*güi*no, ver*güe*nza—, para que suene la *u* hay que ponerle la diéresis, es decir, los dos puntitos encima de esa letra.

'M' ANTES DE 'F'

En las traducciones de términos ingleses como *amphetamine, amphitheater, chloramphenicol, amphora* y muchos más, la partícula *am* seguida de *ph* se traduce a menudo como *amfetamina, amfiteatro, cloramfenicol, ámfora*. Bueno, sí, ¿y qué? Pues que en español no hay ninguna palabra que se escriba con *m-* antepuesta a *-f*. Hay que usar siempre la *n* en esos casos: *anfetamina, anfiteatro, cloranfenicol, ánfora*. Y si no lo cree, mire si encuentra una palabra que empiece o contenga la *m* seguida de *f*.

MÁS Y MAS

Una de las pequeñas dudas que asaltan a los que escriben en español es si la palabra *más* lleva o no lleva acento. Lo que ocurre es que ejerce distintas funciones en el idioma y de eso depende que lo lleve o no. Si es adverbio comparativo lleva acento: "*Tú* sabes más que yo"; y si es sustantivo también lo lleva: "*El más* y el menos". Pero si es conjunción adversativa y significa *pero* o *sino*, no lo lleva: "Tú quieres, *mas* yo no quiero".

OJEAR Y HOJEAR

Abra un libro cuyo título le llama la atención y pase algunas páginas para ver si le interesa. Si alguien le pide que escriba lo que está haciendo, podrá escribir: "Estoy *hojeando* este libro", con *h*, porque eso significa *mover* o *pasar ligeramente las hojas de un libro* o *de un cuaderno*". ¿Y *ojear*, sin *h*? Además de *mirar* quiere decir *mirar rápida y superficialmente*. Es decir, con la *h* se mueven *hojas*, y sin la *h* se mueven los *ojos*.

PREMIO NOBEL

Los premios internacionales más prestigiosos del mundo toman su nombre del químico, ingeniero y filántropo sueco Alfred Nobel. Pero quienes hablamos español dudamos año tras año a la hora de pronunciar ese apellido sueco. Cada vez más se pronuncia como palabra llana: */nóbel/,* cuando el resto del mundo lo pronuncia como palabra aguda, por respeto a la pronunciación sueca original. Bueno sería que también en español fuésemos acostumbrándonos a pronunciar "Nobel" y "Premio Nobel" con el acento de intensidad en la *e*.

QUÉ Y QUE

"¡*Qué* película más interesante! —dice una amiga—.¿*Qué* te parece si vamos a verla?", responde la otra. En esos dos casos, la palabra *qué* lleva acento escrito porque siempre lo llevan los pronombres exclamativos (como en: "¡*Qué* película más interesante!") y los interrogativos. ("¿*Qué* te parece si vamos a verla?"). En cambio los pronombres relativos nunca acentúan gráficamente, como se ve en el ejemplo siguiente: "Las dos amigas, *que* quieren ir al cine, encuentran una película *que* les interesa".

SIGNOS DE INTERROGACIÓN Y ADMIRACIÓN

Es frecuente en Hispanoamérica olvidarse de los signos de principio de interrogación y de admiración, posiblemente porque los teclados de las máquinas de escribir de fabricación norteamericana no los tenían, ya que en inglés no se necesitan. Y muchos se habrán dicho: "¿Para qué los necesitamos nosotros?" Pues para entendernos mejor, sobre todo cuando leemos preguntas largas, en las que no sabemos hasta el final si son preguntas o no. En inglés es diferente, pues enseguida se sabe al comienzo de una oración si es pregunta o no. ¿Y cómo se sabe? Porque se invierte el orden de presentación desde el principio: *It is known that...*(sin pregunta); *Is it known that...?* (con pregunta).

SÓLO/SOLO

"Sólo tú estás solo". En esta oración tenemos repetida una palabra de diferentes categorías gramaticales, una de las cuales va acentuada y la otra no. El primer SÓLO es un adverbio que equivale a SOLAMENTE y lleva acento ortográfico, o sea, escrito. El segundo SOLO es un adjetivo que significia sin compañía. Recuerde entonces que SÓLO se acentúa cuando se puede reemplazar por SOLAMENTE y no se acentúa cuando se refiere a SOLEDAD. La Real Academia Española acepta que SOLO se escriba sin acento en todos los casos, siempre y cuando no haya confusión.

VIDEO / VÍDEO

¿Usted cómo dice, "vídeo" o "video"? Pues resulta que las dos pronunciaciones son correctas. Se trata de una de las muchas palabras que hemos incorporado al español como producto de las nuevas tecnologías y aún no se ha fijado la acentuación y por eso se admiten ambas formas. La palabra *videotape* se traduce a nuestro idioma como *videocinta.* Y el término inglés *videogame* viene siendo *videojuego* en español.

¡Conozca su idioma!

Algunos detalles más sobre la Lengua Española

DERIVADOS DEL LATÍN

¿Sabe usted de dónde proviene nuestro idioma español? Del latín, la lengua que usaron los romanos a lo largo de más de mil años y que, después de la caída del Imperio Romano, se fue transformando durante muchos siglos hasta convertirse en varias lenguas: español, italiano, francés, gallego-portugués, catalán y rumano.

INTERJECCIONES

Son las exclamaciones con que expresamos sentimientos o impresiones, como *¡oh! ¡ah!*; para llamar la atención de alguien, como en los ejemplos *¡eh!*, *¡ea!*, o como fórmula de saludo o conformidad, en el caso de *hola* o de ese *¡vaya, pues!* al que son tan afectos nuestros amigos hondureños. Y también los sustantivos pueden convertirse en interjecciones, como cuando exclamamos *¡hombre!*, *¡diablos!*, *¡rayos!*

NEOLOGISMOS

Neologismo es, según el Diccionario, toda palabra de creación reciente en nuestra lengua o recientemente tomada de otra lengua. No nos oponemos a la creación o adopción de nuevas palabras, pero ya que lo hacemos, sigamos ciertas pautas. Es más, el español, como usted sabe, posee un caudal amplísimo de palabras de origen latino o griego. A veces algunos se extrañan de que la Academia Norteamericana les invite a visitar su *cibersitio*. ¿Qué tiene de raro que prefiramos *cibersitio* a *página web* o *página internética*, si al fin y al cabo decimos *cibernética, cibernauta, ciberespacio*?

NOMBRES DE INSTITUCIONES

"Cuando vayas a Nueva York, no dejes de visitar el *Museo Metropolitano*"; "La *Biblioteca del Congreso* en Washington posee una colección maravillosa de libros y manuscritos sobre la presencia hispana en los Estados Unidos". ¿*Museo Metropolitano*?, ¿*Biblioteca del Congreso*? Sabemos que en inglés se llaman *Metropolitan Museum* y *Library of Congress*, respectivamente. ¿Cómo debemos referirnos a estas instituciones, mundialmente conocidas, por su nombre en inglés o por su nombre en español? En estos casos, si hablamos en español, hagámoslo en esa lengua, puesto que, al fin y al cabo, son de tanto renombre en el mundo anglosajón como en el hispánico.

ONOMATOPEYAS

Las onomatopeyas no son malas palabras, sino palabras o grupos de palabras cuya pronunciación imita el sonido de aquello que describe, se emplean también para remedar los sonidos emitidos por animales, como por ejemplo el canto del coquí, esa ranita típica de Puerto Rico. Existen onomatopeyas en todos los idiomas aunque generalmente difieren de uno a otro, a veces radicalmente, ya que la mayoría de los sonidos no se pueden articular fonéticamente. Por ejemplo, en los Estados Unidos los perros no dicen *guau* sino *woof*; en español el gallo canta *kikirikí,* mientras que en inglés el gallo lo hace con un *cock-a-doodle-doo.*

SINÓNIMOS, ANTÓNIMOS, PARÓNIMOS

Usted sabe bien qué son los *sinónimos,* esas palabras que tienen una misma o muy parecida significación, como por ejemplo *casa* y *vivienda.* Por el contrario, los *antónimos* son los vocablos que expresan ideas opuestas o contrarias: *frío* y *calor*, *claro* y *oscuro*, *antes* y *después.* ¿Y los *parónimos*? ¿Sabe qué son? Pues son las palabras que se parecen por su forma y sonido pero que no tienen otra relación entre sí, como *hombre* y *hambre, risa* y *rosa*, *casa* y *cosa.*

TÉRMINOS DE IDIOMAS DE LA PENÍNSULA IBÉRICA

Al igual que todas las lenguas, el español ha tomado elementos de otros idiomas, inclusive los hablados en la misma Península Ibérica. Por ejemplo, del catalán o valenciano ha incorporado las palabras *paella* y *capicúa.* También el gallego-portugués nos ha legado varias palabras, como *macho* y *vigía*, y esos expresivos términos *morriña* o *saudade*, que significan tristeza o melancolía, especialmente la nostalgia de la tierra natal. Y del misterioso vascuence provienen palabras como *izquierdo* y *pizarra.*

TÉRMINOS DE LENGUAS AMERICANAS

El español no solamente recibió términos del árabe, el italiano, el francés, el alemán y el inglés, sino también de lenguas indígenas americanas. De origen arahuaco son las palabras *canoa, huracán, maíz, cacique, ceiba, enagua, caribe* y *caníbal*. De procedencia náhuatl son los términos *tomate, chocolate, cacahuete, cacao* y *aguacate*. Y de origen quechua son *cóndor, alpaca, vicuña, pampa, chacra, cancha, papa* y *puna*.

TÉRMINOS DEL ALEMÁN

El español ha recibido influencias germánicas –es decir, de origen alemán– como las palabras *heraldo, robar, ganar, guante, estribo, espuela, ropa, rico, blanco, fresco, orgullo*. Y si bien hay numerosos términos bélicos de origen germánico como *guerra, tregua, guardia, espía, yelmo* y *dardo*, también hay por lo menos uno artístico: *arpa*.

TÉRMINOS DEL ÁRABE

Durante casi ocho siglos, hubo presencia árabe en España y por eso nos han quedado muchas palabras de ese origen en la Península Ibérica y, por extensión, en América. Por ejemplo provienen del árabe *alcalde, ojalá, almacén, albóndiga, albañil, acelga, aljibe, azúcar*. Hay un término muy usado, sobre todo en México, la *alberca* —en el sentido de piscina—, que es de origen árabe. Y la *maquiladora*, ese taller donde se arman productos, también se remonta a su procedencia árabe: la *maquila* era la porción de grano, harina o aceite que se pagaba al molinero por la molienda. ¿Y sabía usted que la interjección *olé* tiene su origen en el *Alá* islámico?

TÉRMINOS DEL FRANCÉS

El español, al igual que todas las lenguas, ha tomado términos de otros idiomas. Una de las principales influencias es la del francés, que nos ha legado muchas palabras hoy adaptadas a nuestra lengua. Entre los vocablos más antiguos que el español incorporó del francés se encuentran: *jardín, manjar, cofre, sargento, jaula* y *reproche*. Y entre los más recientes encontramos *coqueta, ficha, silueta, avalancha* y *hotel*.

TÉRMINOS DEL INGLÉS

La lengua inglesa, que según señala el filólogo Rafael Lapesa en su *Historia de la Lengua Española*, estuvo poco menos que ignorada en España durante los siglos XVI y XVII, empezó después a ejercer influencia. De ella se tomaron los vocablos *dandy, club, rosbif y bistec* o *bisté*. Y directamente o a través del francés, nos llegaron *vagón, tranvía, túnel, yate, bote, confort, mitin, lider, repórter* o *reportero, revolver, turista, tenis, fútbol, golf*. Posteriomente, empezando con la llegada de las bases norteamericanas a España, tras la Guerra Civil, se recibió una verdadera oleada de voces inglesas, que continúa hasta hoy. Y podríamos agregar nosotros que de esos tiempos se asentaron en la Península Ibérica palabras como *astronáutica y astronauta, alunizar, amaraje, amartizar* (por posarse una 'nave espacial' en el planeta Marte), *proyectiles dirigidos, computadora, Internet, informática* (y programas informáticos), y todo un nuevo vocabulario técnico y científico.

TÉRMINOS DEL ITALIANO

¿Le gustan la pizza y las pastas italianas? Usted, que sabe que los idiomas se influyen mutuamente, ¿conoce algunas otras palabras españolas de origen italiano? Las hay muy ilustres como *piano* y *soneto*, que revelan la tradición artística de Italia. Pero existen muchas más que el italiano nos ha regalado: *alerta, banca, carroza, centinela, escopeta, estropear, fachada, fragata, gaceta, medalla, piloto*... ¡Ah! Y otra palabra que seguramente no le sorprenderá: *charlar,* que también procede del italiano.

Índice temático

Academia Norteamericana de la Lengua Española

DIRECTIVA

D. GERARDO PIÑA-ROSALES
Director

❖

D. JORGE IGNACIO COVARRUBIAS
Secretario

❖

D. JOAQUÍN SEGURA
Censor

❖

D. EMILIO BERNAL LABRADA
Tesorero

❖

D. EUGENIO CHANG-RODRÍGUEZ
Director del Boletín

❖

D. THEODORE S. BEARDSLEY
Bibliotecario

❖❖
❖

ACADÉMICOS DE NÚMERO

D. ROBERTO GARZA SÁNCHEZ

D. ROBERTO A. GALVÁN

D. STANISLAV ZIMIC

D. ROLANDO HINOJOSA-SMITH

D. CARLOS ALBERTO SOLÉ

D. JOHN J. NITTI

D.ª BEATRIZ VARELA

D. LUIS PÉREZ BOTERO

D. MARCOS ANTONIO RAMOS

D.ª ESTELLE IRIZARRY

D. MORDECAI RUBÍN

D. UBALDO DI BENEDETTO

D. ROBERT LIMA

D.ª SILVIA FAITELSON-WEISER

D. ANTONIO CULEBRAS

D. JOSÉ AMOR Y VÁZQUEZ

D. WILLIAM H. GONZÁLEZ

D. LUIS LEAL

D. RAÚL MIRANDA RICO

D. ANTONIO GARRIDO MORAGA

D. ROBERT BLAKE

D. JUAN MANUEL PASCUAL

D. JORGE I. COVARRUBIAS (ELECTO)

D. ORLANDO RODRÍGUEZ SARDIÑAS

D.ª JANET PÉREZ

ACADÉMICOS CORRESPONDIENTES

D. JOSE LUIS ABELLÁN

D. ALBERTO ACEREDA

D. OSCAR ACOSTA

D. ABDELOUAHED AKMIR

D. ELIO ALBA BUFILL

D. JOSÉ MANUEL ALLENDESALAZAR

D. FRANCISCO ALBIZÚREZ PALMA

D. LUIS ALBERTO AMBROGGIO

D. MARIO ANDINO LÓPEZ

D. JORGE EDUARDO ARELLANO

D. SAMUEL G. ARMISTEAD

D. MARCO AURELIO ARENAS

D. FREDO ARIAS DE LA CANAL

D. JOAQUÍN BADAJOZ

D. PEDRO LUIS BARCIA

D. BELISARIO BETANCUR

D. GARLAND D. BILLS

D. JOSÉ CARLOS BRANDI ALEIXO

D. JAVIER BUSTAMANTE

D. ALBERTO CAÑAS

D.ª MARGARITA CARRERA

D. LUIS ANGEL CASAS

D. CARLOS CASTAÑÓN-BARRIENTOS

D. ALBERTO CASTILLA VILLA

D. CARLOS JOAQUÍN,CÓRDOVA

D. DAVID DEFERRARI

D. DAVID ESCOBAR GALINDO

D. GUIDO FÉLIZ

D.ª GEORGETTE DORN

D. CHARLES B. FULLHABER

D. CARLOS FERNÁNDEZ SHAW

D. DANIEL R. FERNÁNDEZ

D. VÍCTOR FUENTES

D. CRISTIAN GARCÍA-GODOY

D. VALENTIN GARCIA YEBRA

D. MANUEL GARRIDO PALACIOS

D. CARLOS JONES GAYE

D. JOSÉ MANUEL GÓMEZ Y MÉNDEZ

D. LUIS T. GONZÁLEZ DEL VALLE

D. ANTHONY GOOCH

D. FÉLIX ALFONSO DEL GRANADO ANAYA

D. FÉLIX GRANDE

D. PEDRO GUERRERO RUIZ

D. HELIODORO GUTIÉRREZ GONZÁLEZ

D.ª MARIELA A. GUTIÉRREZ

D. CHEN KAIXIAN

D. JORGE KATTÁN ZABLAH

D. AMANCIO LABANDEIRA

D. HUMBERTO LÓPEZ MORALES

D. WENCESLAO CARLOS LOZANO

D. FRANCISCO MARCOS MARÍN

EMILIO MARTÍNEZ PAULA

D. ALFREDO MATUS OLIVER

D. JUSTINO MENDES DE ALMEIDA

D. RAÚL MIRANDA RICO

D.ª LETICIA MOLINERO

D. JOSÉ MORENO DE ALBA

D. JOSE LUIS NAJENSON

D. GONZALO NAVAJAS

D. FERNANDO A. NAVARRO GONZÁLEZ

D. JOSÉ MARÍA OBALDÍA

D. JOHN O'NEILL

D. ANTONIO PAMIES BELTRAN

D.ª TERESINKA PEREIRA

D. JOSÉ LUIS S. PONCE DE LEÓN

D. ANTONIO PORPETTA

D. JAIME POSADA

D. DOMINGO PRIETO GARCÍA

D. RAÚL RIVADENEIRA PRADA

D. AMADEU RODRIGUES TORRES

D. HERNÁN RODRÍGUEZ CASTELO

D. YURI A. RYLOV

D. JOSÉ LUIS SALCEDO-BASTARDO

D. FELIPE SAN JOSÉ GONZÁLEZ

D. GONZALO SANTONJA GÓMEZ-AGERO

D. GUSTAVO A. SILVA

D.ª FATIMA TAHTAH

D. HIROTO UEDA

D. EDUARDO URBINA

D. ÁNGEL JULIÁN VALBUENA-BRIONES

D. BENJAMIN VALDIVIA

D.ª RIMA R. VALLBONA

D. JUAN VAN-HALEN ACEDO

D. JOSÉ LUIS VEGA

D. JOSÉ GUILLERMO ROS-ZANET

D. FRANK GÓMEZ

COLABORADORES

D. LUIS RÍOS

D. CHRISTIAN RUBIO

D.ª LAURA GODFREY

D. ISAAC GOLDEMBERG

D. GERMÁN CARRILLO

D.ª VANESSA LAGO BARROS

D.ª CRISTINA BERTRAND

D. MARIO MARTÍNEZ Y PALACIOS

D. ALISTER RAMÍREZ MÁRQUEZ

D.ª MARÍA EUGENIA CASEIRO

D.ª ADRIANA BIANCO

D. JESÚS LÓPEZ PELÁEZ

D. MILTON M. AZEVEDO

D. FERNANDO WALKER

D.ª AURORA HUMARÁN

D.ª LETICIA CAZENEUVE

D. ALFREDO ARDILA

D.ª MARÍA DE LA PAZ FERNÁNDEZ

D.ª SILVIA BETTI

D.ª MARY S. VÁSQUEZ

D.ª MARÍA CORNELIO

D.ª ROCÍO OVIEDO Y PÉREZ DE TUDELA

D.ª YARA GONZÁLEZ MONTES

D. ANDREW LYNCH

D.ª UVA DE ARAGÓN

D. PORFIRIO RODRÍGUEZ

RAFAEL E. SAUMELL-MUÑOZ

D. ALBERTO GÓMEZ FONT

FRANCISCO MUÑOZ GUERRERO

ROSA ALICIA RAMOS

ALEJANDRO JOSÉ GONZÁLEZ ACOSTA

KAY PRITCHETT